はじめての自然言語処理

Natural Language Processing for Beginners

土屋 誠司 著

Seiji Tsuchiya

森北出版株式会社

まえがき

本書は，自然言語処理の入門書である．そもそも「自然言語処理」という専門用語自体を知らない人にも，この分野の面白さと基本的な考え方を伝えることを目指して執筆した．

我々は，普段コミュニケーションをとる際には，顔の表情や声色，立ち居振る舞い，そして言葉を用いて，自分の感情や意図を相手に伝えようとし，また，相手の思いを受け取っている．これらの中で，学校教育の科目として学習するのは言葉（言語）に関してだけである．つまり，日常とくに意識することなく用いている便利な道具であるにもかかわらず，学ばなければ正しい使い方がわからないぐらい難しく，また，奥深いもの，それが言語なのである．

言葉（言語）は，すべてを辞書に収録できる代物ではなく，日々創造され，日々忘却され続けている．いわば，言葉は生き物なのである．この生き物である言葉を理解するためには，いくらかの法則やルールに当てはめる必要があり，それが文法である．しかし，生物学などの学問でも同じように，このような法則やルールである文法では説明できない例外もまた例外なく出現する．

このように，人ですら一から学ばなければならないほど重要でかつ難しい言語を，コンピュータで処理しようという試みが自然言語処理なのである．これまでに専門書も多数出版されているが，そのほとんどが専門的になり過ぎており，説明や情報の量や質が偏る傾向にある．それゆえ，処理内容が非常に難しく見え，はじめて目にする人にとっては非常にとっつきにくいものになっていると思われる．

そこで，本書では，日常生活でよく出くわす事柄を事例として用いて，そのイメージと自然言語処理での処理内容とを結びつけることで，自然言語処理に対する敷居を下げ，理解しやすくするよう努めた．その一方で，単に簡単な内容に終始すると，今度はそれ以上の発展になかなか結びつかないという問題も生じる．そこで，自然言語処理分野で必要となる専門用語やその内容についてもしっかりと説明する．これにより，本書を自然言語処理の学習の第一歩とし，次のステップである高度な専門書への移行をスムーズに行えるよう配慮した．

自然言語処理は先にも述べたとおり，非常に難しい分野である．しかし，一方では，同じ表現に潜む思いもよらぬ多義性など，言語には非常に面白く思える現象も多数あり，一度入り込むとその奥深しさにさらに奥へ進もうと思わせる魅力がある．また，自然言語処理というコンピュータに人の言葉を理解させる方法を考えることは，逆に，今自分が日常使用している言葉を見つめ直すよいきっかけになるのではないかと思う．コンピュータが理解しにくい言葉は，実は人間でも理解しにくいのかもしれない，といったようにである．是非，本書を手にしていただき，自然言語処理の魅力を知って欲しい．そしてその面白さに惹かれ，酔いしれる方々が増えることを望んでいる．

最後に，本書を出版するに当たり，執筆における心得やアドバイスをくださった同志社大学理工学部インテリジェント情報工学科の渡部広一教授，本書の校正に関する助言ならびに挿画を提供してくださった同志社大学高等研究教育機構・理工学部の芋野美紗子助手，また，本書執筆の機会をくださるとともに，構成・編集に関して尽力してくださった森北出版株式会社の富井晃課長，藤原祐介氏，丸山隆一氏に深く心から感謝いたします．

2015 年 10 月

著　者

目　次

第 1 章

コンピュータが言葉を理解するために

今日も街中には言葉が溢れ，人々の話し声やテレビのアナウンサーが読み上げるニュースなど，言葉を耳にしない日はない．「まえがき」でも触れたように，我々は，普段コミュニケーションをとる際には，顔の表情や声色，立ち居振る舞いと合わせて言葉を用いている．これら様々な手段を駆使して，自分の感情や意図を相手に伝えようとし，また，相手の思いを受け取っているが，その中でもとくに言葉は我々人間にとって非常に重要なコミュニケーションツールである．しかし一方で，これらのコミュニケーションツールの中で最も扱いが難しく，また，奥深いものが言葉であったりもする．実際，学校教育の科目として学習するのは言葉（言語）に関してだけである．この難しい言葉をどのようにしてコンピュータに理解させるのかを扱うのが，自然言語処理なのである．

1.1 | 自然言語と自然言語処理

言葉（言語）は，誰もが産まれたときから自然に接し，自然に扱えるようになり，日常生活でとくに意識することなく用いている．自由におしゃべりできているにもかかわらず，なぜ小難しい文法をわざわざ勉強しなければならないのか．国語という科目の意義がわからず，退屈だったという人も大勢いるのではないだろうか．しかし実際には，しっかりと一から学ばなければ正しい使い方がわからない厄介な道具なのである．

便利な道具である言語には，実は大きく分けて 2 種類のものが存在している．一つは，我々が日常何気なく使用している言葉であり，たとえば，日本語や英語などである．

もう一つは，人為的につくられた言語である．馴染みのあるものとしては，プログラミング言語がそれに当たる．これらは，使用する語彙や文法を一から十まで人が一つ一つ定義して構築したものである．

上記の2種類の言語のうち，後者の人為的に創作した言語を**人工言語**とよんでおり，前者の我々が普段使用している自然発生的にできた言語をこれと対比して**自然言語**とよんでいる．

コンピュータはその誕生以来，あらゆることに利用されてきたが，もちろん自然言語も例外ではなく，それをコンピュータで扱おうという試みがなされた．これが**自然言語処理**の始まりである．コンピュータで自然言語を扱うことができるようになれば，SF映画のようにコンピュータと人間が言葉を使って自然に会話ができるようになったり，大量の言語データから様々な知識を獲得できるようになったりするかもしれない．夢のような話の第一歩として，コンピュータで解こうと試みられた自然言語処理のはじめての課題は「機械翻訳」であった．

コラム

冷戦を背景に誕生した機械翻訳

世の中にある便利なものの多くは戦争の副産物として生まれてきたものであったりする．飛行機も車も，電子レンジ，インターネットもそうである．そしてコンピュータもその例外ではなく，そもそもは砲弾の軌道予測のために開発されたものである．そして，そのコンピュータを利用して，ロシア語から英語（米語）に翻訳するシステムが冷戦時代といわれる1950年代に登場した．複雑な心境である….

自然言語処理技術の応用例としては「機械翻訳」の他にも，パソコンやスマホの入力で毎日のようにお世話になっている「かな漢字変換」や，GoogleやYahoo!などでお馴染みの「情報検索システム」，文章を要約したり分類したりできるシステムや，ロボットと対話するためのシステムなどがある．このように，人が直接関わる多くの分野で様々なシステムが開発され，なくてはならない便利なものとして利用されている．Appleの「Siri」やNTT DoCoMoの「しゃべってコンシェル」のように，音声で入力や情報検索が行えるシステムが注目を浴びているが，その次の世代としてすでに提案されているメガネ型や腕時計型などのデバイスにおけるインタフェースとしても，自然言語処理技術は大いに活用されると考えられる．自然言語処理は，今後ますます期待され，研究・開発される重要な分野である．

コラム

こんな世の中がやってくる（かも？）

メガネ型端末を装着することが当たり前になる…．その端末では，拡張現実（AR）によって，道案内やお店の情報，以前にあった人と偶然会ったら，その人の情報を提示してくれたりする．そして，バーチャルの秘書ロボットが活動していて（もちろん，自分好みの容姿や性格に設定できる），その秘書に話しかけると今日のスケジュールを教えてくれたり，雑談までしてくれたりする．常に一緒に行動していて，電話の内容までしっかり聞いている完璧な秘書である．ついには，その秘書に恋愛感情をもってしまい，大きな社会問題になる…．そんな世の中がくるかもしれない．

1.2 自然言語処理の面白さと難しさ

しかし，コンピュータで言葉を扱うことにはいくつかの困難がある．ここでは言葉が変化するものであること，多義性をもつものであることについて簡単に見ておこう．

新しい言葉が若者を中心に創造され，あるコミュニティーで使用され始める．それがやがて全国的に広がれば，辞書に収録されることになる．そしてもしその後も使用され続けられれば，その言葉はあって当たり前の表現になる．一方，創造され，あるコミュニティーで使用されるが，一定期間が過ぎたのちに使用されなくなるものも少なくない．いわゆる死語といわれるものである．このように，言葉は生まれ，死に，そしてまた生まれるものなのである．これが「言葉は生き物である」といわれるゆえんである．

この日々変化し続けている言葉を無理矢理に記録しているもの，それが辞書である．そのため，たくさんの種類の辞書が世の中には存在し，それぞれ収録されている語数も種類もその説明も様々に異なっている．また，日々創造され，日々忘却され続けている言葉を捉えようと，毎年更新されている辞書もある．

辞書にはその時代の言葉（単語）が収録されているが，一方でその使い方，すなわち文法に関しては触れられていないのが一般的である．つまり，辞書に書かれていることをたとえすべて覚えたとしても，決してその言語を理解することはできず，しゃべることはできないのである．そのため，語彙と合わせて文法というものを学校では学ぶことになる．学校教育で学ぶ文法は学校文法とよばれている．この文法は，言語の体系をうまく捉えられるように言葉が使用され確立した後に，いわば無理矢理つくり出された規則である．そのため，必ず例外というものが存在することになる．ちなみに，多くの人が知っている文法は上で挙げた学校文法であるが，文法にもいくつかの種類があり，学校文法だけが唯一の文法というわけではない．

コラム

“正しい”日本語？

「最近の若者の言葉は乱れている」，「ちゃんとした日本語をしゃべる人が少ない」などと批判されることがある．しかし，このようなことをいうと専門家の先生方に怒られてしまうが，そもそもちゃんとした日本語とは何なのだろうかと言語学の専門家ではない私などは思ってしまう．言葉は生き物，時代とともに，環境とともに変化し，進化すべきものではないのだろうか？　本当に，ずーっと同じ文法，同じ語彙で生活すべきものだとすれば，我々はいまも平安絵巻に出てくる，いわゆる「古文」で習うような言葉をいまもしゃべっていないとおかしいことになる．やはり，じわじわと変化する，進化することが言葉の本質なのではないだろうか？

これほど捉えるのが難しい言語の使い方を，いつの間にか覚え，駆使して，コミュニケーションをとっている我々「人間」という生き物は，すごい能力の持ち主である．この「人間」のマネをして，同じような能力を実現しようとしているのが自然言語処理であるわけだが，実に難しそうな話である．実際，コンピュータで何かを処理しようとすれば，やはりデータやルールが必要になる．自然言語処理では，辞書がデータ，文法がルールに当たる．しかし，前述したように，そもそも辞書や文法を完璧につくること自体が不可能なのである．では，どうすればよいのか？　非常にチャレンジングな分野であることがわかっていただけたかと思う．

しかし，少し冷静に見てみれば，小学校に入る前の子供でも，大人とコミュニケーションがとれるくらいの言語能力は獲得できている．片言の英語しかできなくても，ちゃんと海外旅行に行って楽しむことができている．こう考えれば，コンピュータでもなんとか自然言語を扱うことができそうに思えてくる．

言語の面白さと難しさのもう一つの例として，**多義性**がある．多義性とは，一つの語彙，一つの表現であるにもかかわらず，いろいろな意味に解釈できることである．我々が言語を使用するとき，常にこの多義性に直面しながらも，意識的に，または無意識のうちに，そのとき，その場に応じて適切に解釈し，コミュニケーションをとっているのである．

たとえば，次の単語の読み方と意味は何だろうか？

「上手」

・「ジョウズ」　技術がすぐれていること　など
・「ウワテ」　他の人よりまさっていること　など
・「カミテ」　川の上流の方　など

このように，同じ表記であるにもかかわらず，読み方も意味もまったく異なる単語が存在している．しかし我々は，話の流れや背景知識などから推論することで，いまこれらのうちのどの意味で使用しているのかを誤って判断することはほとんどない．別の例を見てみよう．次の文が表現しているのはどのようなシチュエーションだろうか？

「彼は家で飛んでいる鳥を見た」

上の文の場合，たとえばこのようなシチュエーションが考えられる．まずは

解釈 1：「彼は家にいて，外を見ると，そこには飛んでいる鳥がいた」

と解釈するのが自然であろう．しかし，少し見方を変えてみると，

解釈２：「彼が家に帰ると，家の中を飛び回っている鳥がいた」

という解釈もできてしまう．このように，単語だけではなく文にもやはり多義性が存在する．ただ，ここまではなんとか許容範囲である．さらに，もっとあまのじゃくになってみると，

解釈３　　解釈４　　解釈５

解釈３：「家という道具を使って飛んでいる不思議な鳥を彼は見た」
解釈４：「彼が家の中を飛び回っていて，ふと見るとそこに鳥がいた」
解釈５：「彼が家という道具を使って飛んでいて，ふと見るとそこに鳥がいた」

などという，とんでもない解釈までできてしまう．後半の３例は，誤った解釈であるが，語彙にも文法にもまったく誤りはない．常識というものが欠落してしまっているせいで，こんな誤った解釈ができてしまったのである．

　このように，語彙も文法も押さえたうえで，一見，言語とは関係がなさそうな常識などといったものも含めて適切に扱わないと，真の意味で自然言語を処理することはできないのである．このような非常に難しい課題であるにもかかわらず，我々人間はいとも簡単に行っており，しかも，正しい扱い方を自分自身がしっかりわかっている．それが自然言語処理の不思議さであり，これほど面白い分野は

他には珍しいと思う.

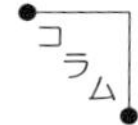

自然言語処理の意外な効用

自然言語処理というコンピュータに人の言葉を理解させる方法を通じて，逆に，いま自分が日常使用している言葉を見つめ直す良いきっかけになるのではないかと思う．コンピュータが理解しにくい言葉は，実は人間でも理解しにくいのではないか…．たとえば，機械翻訳システムを利用して，自分の意図しないおかしな訳語が出た場合，「システムの性能が悪いから使えない」ではなく，「自分が入力した日本語がおかしいのではないか」と気づくことができるかもしれない．すべての人が相手の立場に立って，しっかりとした言語表現を使いこなすことができさえすれば，メールや SNS でのトラブルももっと少なくなるのではないだろうか．

1.3 自然言語処理技術の概観と本書の構成

図 1.1 に，日本語の文章の内容を理解するための処理の流れを示す.

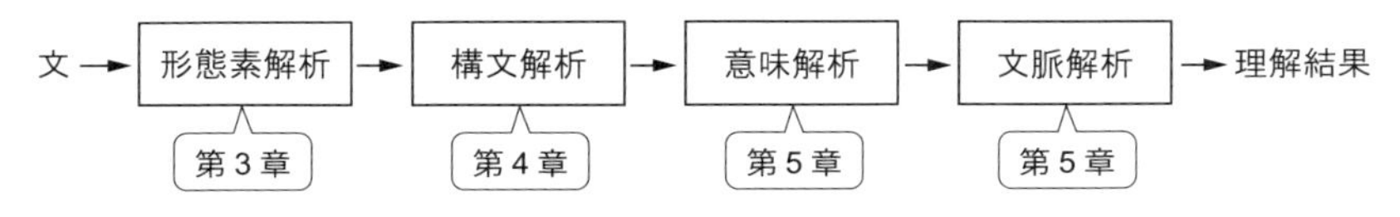

図 1.1 文の内容を理解するための流れ

文章を理解するためにまずはじめに知らなければならないのは，その文章はどのような単語で構成されているのかということである．人間であれば，文章を見ればすぐにどんな単語があるのかを判別することができる．しかし，コンピュータにとって文章は単なる文字の羅列に過ぎない．そこで，**形態素解析**という技術を用いて，文章を単語に区切る処理を行う．

次に行うのは，その使用されている単語の並びが日本語として正しいかどうかを判断する処理である．形態素解析による処理では，あくまで辞書に登録されている単語を見つけ出したに過ぎず，不自然でおかしな単語の並びになっている可能性も高い．そこで，導き出した単語列を文法の規則に合っているかどうかをチェックする**構文解析**を行う．

ここまでの処理で，日本語として正しい表現を捉えることができた．しかし，1.2 節で述べたように，言葉には一般に多義性があり，様々な解釈をすることができる．また，時と場合によって，その解釈は変化する．**意味解析**では文の意味を把握し，**文脈解析**では複数の文で表現された文章の意味を把握する．これらの処理を行ってはじめて日本語を理解することができるのである．

第2章では，上記で説明した様々な解析に必要不可欠であるいくつかの知識について説明する．その後，第3章では形態素解析，第4章では構文解析，第5章では意味解析・文脈解析について説明していく．さらに，最後の第6章では，これらの技術を使った身近な応用事例について説明する．

コラム

言語の驚くべき多様さ

有名なバベルの塔の話では，元々人間は一つの言葉を使用していたが，神の逆鱗に触れ，お互いの話が通じないように様々な言語を話すようになったとされている．現在世界では，約6000もの種類の言語が使用されているともいわれている．これらは，人間の営みの中で自然発生的にできたものである．非常に興味深い現象である．

本章のまとめ

- 自然言語処理とは，我々が普段使用している言語をコンピュータで扱う技術のことである．
- 文法は複数存在する．
- 文法などの規則には必ず例外が存在し，その都度，適切に解釈する必要がある．
- 自然言語処理において，文章を理解するためには，形態素解析，構文解析，意味解釈，文脈解析を順に行う必要がある．

章末問題

1. 自然言語とはどういう言語か説明せよ．
2. 自然言語に対比される言語について説明せよ．
3. 自然言語における多義性について，具体例を用いて説明せよ．

第 2 章

言葉を理解するために必要ないくつかの知識

我々が言語を学ぶとき，教科書や参考書，そして辞書を使用する．教科書では，単語に関する説明や言葉の正しい使い方などが事例を用いて説明されている．また，参考書では，教科書では触れられていないポイントにも触れ，より多くの事例と解説がなされている．そして，辞書には，単語とその意味が例文を用いながら説明されている．これらの情報を活用しつつ，ときには言語に精通している先生に教授してもらいながら，学習を進めることが一般的だろう．

コンピュータで言葉を処理しようとしたときも，我々人間が行うのと同じように，コンピュータにもまず言葉を覚えさせる必要がある．どんな単語があり，その単語の意味は何なのか，そして，どのような順番で単語を並べないといけないのかということを知っていないと言葉を理解することはできない．コンピュータにとっての教科書，参考書，辞書とはどんなものだろうか．

本章ではまず，どのような単語があるのかを記した辞書について 2.1 節で述べる．また，コンピュータにおける言語の理解において参考書の役割を果たすコーパスを 2.2 節で，教科書や先生の役割を果たす知識ベースを 2.3 節で解説する．さらに，辞書にある単語から意味を探り当てるために使われる知識である意味表現について，2.4 節で説明する．

2.1 | 辞書

我々人間が使用する辞書に当たるものが**単語辞書**である．辞書とはいっても，人間が用いるものとまったく同じというわけではなく，やはり，コンピュータ用として，コンピュータが理解しやすいように書かれている．たとえば，図 2.1 の右のようなものがコンピュータ用の単語辞書である．人間が使用する辞書と比べ

人間用の辞書

くだもの【果物】
①木や草につく果実で，食べられるもの．…
②…

コンピュータ用の辞書

表記	読み	品詞	活用型
果物	くだもの	名詞	なし
食べる	たべる	動詞	下一段
は	は	助詞	なし

図 2.1　人間用の辞書とコンピュータ用の辞書の比較

てみると，その違いは一目瞭然だろう．コンピュータ用の単語辞書には，単語の表記と読み，品詞，活用型などが記載されている．単語辞書には人間用の辞書にあるような意味の説明や例文がないため，意味に関する知識は別途与える必要がある．それらの知識に関しては，次節以降で説明する．

単語辞書の他に，**シソーラス**とよばれる辞書もある．これは，ある単語とよく似た意味の単語を収録した類語辞書であるが，このような単語間の関係性を図 2.2 のように階層的に表現したものを，自然言語処理の分野ではとくにシソーラスとよぶ．また，図 2.2 のような表現方法を**木構造**（**ツリー構造**）とよぶ．木構造には，上から下にいくに従って，より具体的な物事を表現するようにまとめられているという特徴がある．ある単語に対して上に位置している単語を親，下を子，横にあるものを兄弟の関係にあるという．家系図をイメージするとわかりやすい．

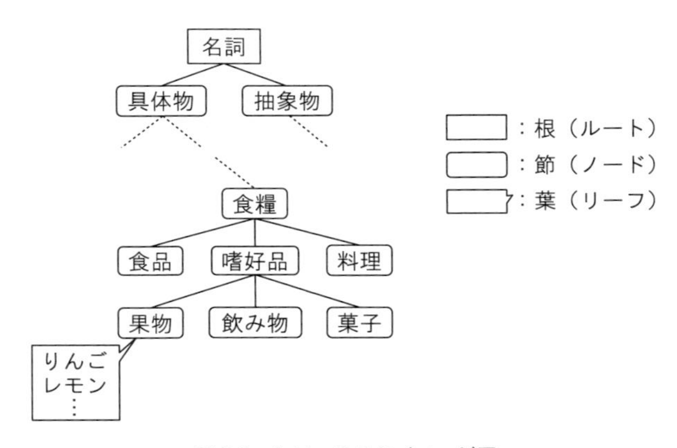

図 2.2　シソーラスのイメージ図

とくに，図 2.2 の「名詞」のように，シソーラスの始まりの部分を**根**（**ルート**），下位の階層に進む過程で枝分かれしている部分（たとえば，図 2.2 の「食糧」）を**節**（**ノード**），それぞれの一番下位の階層に位置する部分を**葉**（**リーフ**）とよぶ．

このように，単語間の関係性を木構造として表現したシソーラスをうまく活用することで，単語の意味を推定することもできるようになる．これに関しては，

5.3.2 項で触れることにする.

コラム　専門用語のネーミング

木構造（ツリー構造）という呼び方は，その名のとおり木に由来する．図 2.2 を上下逆さまにすると，根から幹や枝が生え，先には葉が茂っている木によく似ているところからネーミングされている．新しい技術には，その偉大な発明者が名前を付けることになるわけだが，情報系の用語には想像力豊かで，とんちの効いた面白いものが少なくない．偉い研究者には意外にチャーミングな人が多いのかもしれない．一度そういう視点から技術に触れてみても面白いと思う．

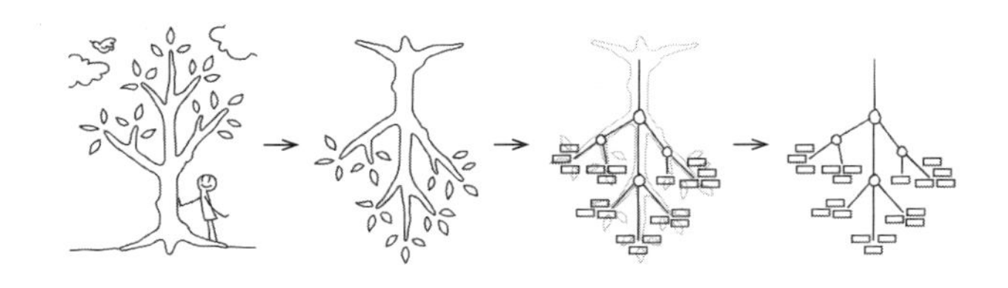

2.2 コーパス

単語辞書とともに，言語を学習するときに使われるのが**コーパス**である．これは，人間の言語学習における参考書の役目を担う．参考書は多くの問題とその解き方を掲載したものだが，それと似てコーパスは，実際に人間が書いたりしゃべったりしたそのままの表現を大量に記録し，データ化したものである．「大量に」と表現したが，その規模は様々であり，数千という規模のものから数億という規模のものまで存在している．コーパスを用いると，言語の使用実態をつかむことができる．つまり，この言語資源をうまく活用し，加工することで，様々な知識や意味，文法などを抽出することができるのである．コーパスを作成するには，人間が実際に使用した言語表現を大量に集めてくる必要がある．近年では，新聞社から提供される数十年分の記事データや，Web 上で発信されているデータなどを使用することが多い．ただし，ある特定の発信元に限定してデータを収集すると，その発信元に特化したコーパスが作成されることになる．そのため，もし人間が話す言葉のすべてを対象としたコーパスを作成したいという場合には，広範囲からまんべんなく情報を収集する必要がある．

コラム

古きをたずねて…

近年の自然言語処理におけるアプローチとして，本節で説明したコーパスを活用する手法に注目が集まっている．しかし，このような考え方は新しく考え出されたものではなく，非常に古くからその可能性は示唆されていたものである．では，なぜいまなのか？　それは，大量のデータを収録できる記憶媒体が登場したこと，コンピュータの性能が飛躍的に向上したこと，そして，それらが非常に安価に入手可能になったことが大きな要因だと考えられる．多くの素晴らしい理論は遠い昔に考えられているのだが，それを実証する術がなく，あえなく闇に葬られるという事例は少なくない．また，時代が進み，その良さが見直されることも多い．古い技術は必要ないと決めつけ，新しい技術が学びたいと思うだけではなく，闇に葬られてしまった古い技術もバカにはせず，積極的に触れて，その技術に日の目を浴びさせてあげて欲しい．もちろん，昔のままの考え方を現代に再現してもダメなことが多いので，そこには一工夫が必要だが….

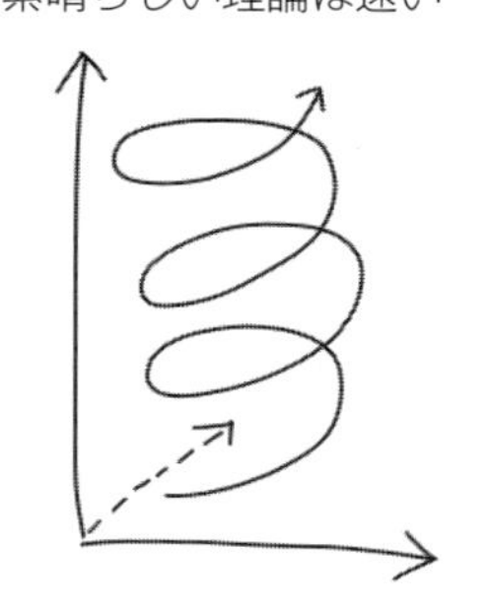

大量に収集したデータを何の加工もせずにそのまま収録したものを**生コーパス**とよび，何らかの解析をして，その結果も合わせて収録したものを**タグ付きコーパス**とよぶ．これには第3，4，5章で説明するような，文法や意味に関する内容に関する情報が付加されることが一般的である．また，同じ内容の表現をある言語と他の言語とを対にして収集し，記録したものを**パラレルコーパス**とよぶ．これは，機械翻訳を行う際に利用されるだけでなく，他の言語どうしを比べることで，ある言語の集合だけでは抽出できなかった知識を導き出すことにも利用できるコーパスである．

コーパスから抽出できる知識としては，たとえば**制約**と**選好**といわれる規則がある．制約とは，絶対的な規則のことであり，選好とは，優先的な規則のことである．つまり，絶対に守らなくてはならない，「それ以外はありえない」という硬いルールが制約であり，「常識的に考えるとこういう解釈が一般的だろう」という柔らかいルールが選好である．たとえば，「さかない」という表現について考えてみると，「咲かない」や「坂ない」などと解釈することができる．どちらも日常生活では使用する表現ではあるが，文法上では，体言である「坂」の直後には否定を表現する接尾辞の「ない」は出現しないというルールがあることから，「咲かな

い」という解釈しかありえない．このようなルールが制約である．

一方，たとえば「このひとこと」という表現では，「この一言」や「この日と事」というような解釈ができる．これらはともに文法上の誤りはなく，ともに文法的には正しい解釈である．しかし，一般的には，やはり「この一言」と解釈する方がより自然であろう．これが選好である．

このような制約（硬いルール）や選好（柔らかいルール）を，コーパスに大量に収録されている言語データから，統計学の知識を用いて導き出すことができる．

コラム

口語表現はどうなる？

「さかない」の解釈は「咲かない」しかないといわれて，友達としゃべるときには，たとえば「この町って坂ないよね」なんていうじゃないか！と思われた人も多いのではないだろうか．著者もそんなあまのじゃくの一人である．文法上はありえないけれども，普段の会話では使用するというケースは実は非常に多い．これまでの自然言語処理では，文法を重んじて研究・開発されてきた，というよりその他に拠り所がないので仕方がなかったのである．しかし，これからの自然言語処理，真の意味での人間の言葉を理解するための自然言語処理としては，このような口語表現にもうまく対応できる必要があると考えられている．Web 上には，様々な人が発信している情報があり，それらすべてが文法に則って書かれているはずがない．そのような情報からいろいろなものをキャッチしようとすると，口語表現の処理は絶対に必要な技術なのである．

大量のデータの中から何かしらの知識を抽出する際によく利用されている統計的な手法の一つに，***n*-gram** という考え方がある．これは，たとえばコーパスに収録されている文字や単語の出現頻度を算出し，ある文字や単語の後に出てきやすい文字や単語を確率として求める手法である．ここで，n-gram の n は，文字や単語の数を示しており，1-gram や 2-gram，3-gram のように任意に変化させることができる．ちなみに，これらの読み方は，ユニグラム，バイグラム，トライグラムである．たとえば単語 1-gram の場合，先ほどの「このひとこと」を例にとると，「この」という一つの単語の後にはどんな単語が続くかのデータをもとに，「一言」と「日」のどちらが確率的に登場しやすいのかを求める．このような確率は，もちろんデータが大量にあればあるほど正確な値となり，その確率をもとにルールや知識が獲得できる．

このように，大量に収集した生の言語データを活用することで，様々な知識を抽出することができる．5.3.1 項では，コーパスを利用して意味を解釈する方法について説明する．

2.3 知識ベース

ここまで，単語や用例の知識を与えてくれる辞書やコーパスについて見てきた．人間の言語学習においては，これらの他に「教科書」や「先生」の存在が大きい．コンピュータにとってその役割をするのが**知識ベース**である．先生は，その科目の専門知識に精通し，それを体系立てて教えてくれる．教科書も，辞書や参考書よりも定義や定理に重きを置いて書かれている．それらと同じく，知識ベースは，一般論あるいは一般的な知識ではなく，ある領域に特化した専門的知識の集合である．具体的には，用語の定義や解法の手順およびルールなどが収録されている．ある専門分野に特化した知識の集合であるため，基本的には，その分野の専門家にしかこの知識ベースを作成することはできない．

先ほどの 2.2 節のコーパスで触れたように，大量のデータがあれば，そこから統計的な処理を施し，有用な知識や規則を抽出することは可能である．しかし，自然発生的に構築された言語という体系を把握するためには，統計処理だけでは難しい．そこで，専門家のこれまでの経験に基づいて様々な知識や規則を構築することがある．**ヒューリスティック法**とよばれているものがそれに当たる．

コラム　日本語と外来語の使い分け

カタカナ語がいたるところで多用され，NHK の放送でもよく耳にするようになってきている．確かに，カタカナ語で表現しなければニュアンスがつかみにくい，カタカナ語の方がわかりやすいものもあることは認めるが，なんでもかんでもカタカナ語で表現するのはいかがなものかと筆者は思ったりする．経験則をヒューリスティックスと表現するとなんとなくかっこよくって，凄そう…，ただそれだけの理由でカタカナ語を使用するのには反対である．もっとも，言語が違えば，ある単語が表現する概念も異なって当たり前であり，その言語のその単語でなければ表現できないものもある．だからこそ，日本語で表現できるもの，日本語でなければならないものをしっかり見極めて，それらはちゃんと日本語で表現したいものである…．

単なる素人が思いつきで作り出した知識や規則が役に立つことは少なく，統計処理で抽出した知識や規則の方がよほどうまく活用できることも多い．しかし，専門家の経験は，時として統計処理の結果では出すことができないものとなる場合がある．いわゆる匠の業である．近年，大量のデータを安価にまた短時間で処理できるようになったこと，また，品質を常に安定させにくいことや次の世代に引き継ぐ難しさなどもあり，知識ベースに光が当たらない時代になっている．しかし，やはり匠の業でなければ対処できないものは必ず存在すると思われる．たとえば，自分の好きなものをガールフレンドにプレゼントすることは自然なことであり，ガールフレンドも喜んでくれるだろうということは，おそらく統計的な処理によっても判断できる．しかし，その好きなものが「納豆」だったらどうだろうか．この場合「好きなものをプレゼントする」という選択は非常識な行為になってしまう．もちろん「ケーキ」であればまったく問題はない．このようなケースは，現状では知識ベースでしか対応することはできない．今後，やがてまた知識ベースが見直される時代が来るのではないかと思われる．

2.4 意味表現

2.1 節で説明した辞書は，単語の定義を行うものであった．しかしコンピュータ用の辞書では，その意味までは表現していないのが一般的である．意味は単語のもつ非常に重要な要素だが，一方では非常につかみどころがないものでもある．人間どうしが言語を使ってコミュニケーションをとる際には，双方がある単語に対して同じ意味を頭の中で思い描き，理解しなければならない．コンピュータでもこの意味や概念を扱う必要があるが，このつかみどころのないものを一体どうやってデータ化，モデル化すればよいのだろうか？　人間用の辞書では，ある単語の意味を文章で説明している．しかし，この言葉を使って意味を定義するという方法では，その説明文を理解するためにその文章に含まれる単語の意味を理解しておかなければならず，それを理解するためには…，というように，永遠に続いていってしまうという問題が生じる．これは，コンピュータによる意味理解における本質的な難しさである．以下に，意味を表現するための手法を大きく分けて三つ説明する．ただしこれらも完全ではなく，今後も研究・開発を行っていかなければならない分野である．

2.4.1　格フレーム

格とは，ある単語の文法的な役割や意味的な役割のことであり，**格フレーム**とは，文中の各単語がとりうる格を，その単語と動詞との関係をもとに定めたものである．これは元々は英語圏で考案されたものであり，英語では文の意味が動詞に強く依存していることを反映した考え方となっている．一方日本語の文は，英語とは違って語順の自由度が高く，また，その意味は動詞に強く依存するわけではない．日本語は**膠着語**とよばれる文法体系に分類される言語であり，自立語の後に複数の付属語を伴うという特徴がある．つまり，「が」,「を」,「で」などの格助詞が意味を理解するうえで重要な要素になってくる．そのため，日本語の格フレームでは，動詞ではなく格助詞に基づいた考え方も用いられる．

コラム

孤立語・屈折語・膠着語

自然言語は大きく3種類に分類することができる．一つ目は，単語の形に変化がなく，単語の位置で文法上の関係を表現する**孤立語**であり，中国語がこれに当たる．二つ目は，単語の形を変化させることで文法上の関係を表現する**屈折語**である．単語の形が変化することを「屈折」とよぶことから，このような名称になっている．たとえば，英語やドイツ語など多くのヨーロッパの言語がこれに当たる．最後の三つ目が**膠着語**である．本文でも述べたように，文法上の関係を表す短い語を他の語に密着させて表現する．日本語はこの膠着語に当たる．

格フレームでは，それぞれの単語について，構造的な要素で決まる**表層格**と意味的な要素で決まる**深層格**が定義される．また，必ず存在しなければならない格を**必須格**，必ずしも存在しなくてもよい格を**任意格**とよぶ．そして，これらの格を利用することによって意味を解析する．こうした考え方により，日本語の場合では，図2.3のように，格助詞の「が」,「を」,「で」を「が格」,「を格」,「で格」

とよび，これらが表層格となる．また，それらの意味を表現する深層格は，「が格」の場合は動作主格や対象格，「で格」の場合は道具格や場所格となる．これにより，表面的には同じ表層格（「が格」や「で格」）をもつ単語も，深層格まで見ることで意味的な役割の違いを区別することができる．

格フレームを活用した意味の推定方法に関しては，5.2 節で触れることにする．

	彼が	患部を	メスで	切った
表層格	が格	を格	で格	動詞
深層格	動作主格	対象格	道具格	動詞

	患部が		手術室で	摘出された
表層格	が格		で格	動詞
深層格	対象格		場所格	動詞

図 2.3　格フレームの例

2.4.2　意味ネットワーク，オントロジー

意味ネットワークは，人間の記憶の方法をモデル化した考え方であり，2.1 節の辞書で触れたシソーラスの考え方とよく似ている．物事の上位，下位の関係や全体，部分の関係を階層構造として表現することで，効率的に知識や概念を整理している．図 2.4 に意味ネットワークのイメージ図を示す．

上位にある概念から下位の概念にその属性が継承されるという発想は，**オブジェクト指向**といわれる考え方に通ずるものであり，この発想により意味ネットワークは非常に効率的に知識を整理している．しかし，一般的な意味ネットワークでは，ネットワーク上に出現する単語間の関係性のみに重点が置かれており，階層構造の量や質（このような量や質のことを**粒度**とよぶ）にまでは手が及んでいな

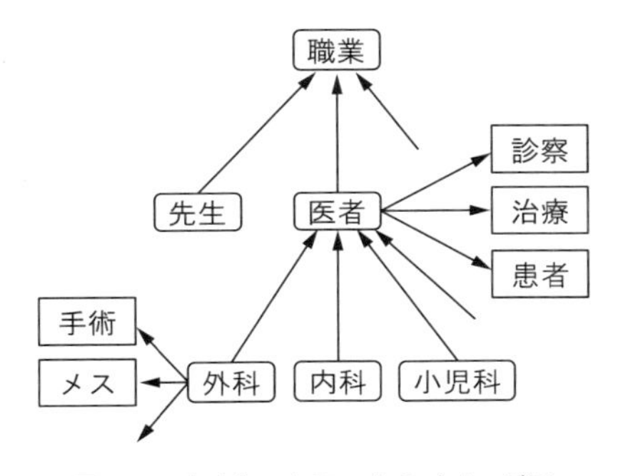

図 2.4　意味ネットワークのイメージ図

い．つまり，たとえば，上から3階層目にある単語どうしは，意味的に同じ粒度のものではない可能性がある．そのため，意味的な近さを表現しようとした場合，階層間の距離を見ただけでは評価できないという問題が生じる．

そこで，この考え方をもとに，より厳密に階層構造化し，各概念間の関係性も明確に定義してデータベース化したものを**オントロジー**とよぶ．これにより，意味的な近さも表現可能になり，より的確に物事の意味を把握できるようになる．

また別の考え方としては，ある条件が満たされたときのみ，ある単語間の関係性を生じさせるという仕組みを意味ネットワークに取り入れ拡張したものがある．これを**フレーム理論**という．

意味ネットワークによる意味の推定方法に関しては5.2節で，オントロジーによる意味の推定方法に関しては5.4節で触れることにする．

2.4.3　概念ベース

概念ベースは，人間用の複数の電子化国語辞書などからつくられる大規模なデータベースであり，各見出し語を概念，その見出し語の説明文中の自立語を概念の属性として，機械的に自動構築されたものである．概念ベースは，機械的に構築した後，人間の感覚では不適切と思われる属性を削除し，必要な属性を追加するための自動精錬処理などを行い作成される．このように，概念ベースでは，単語（概念）の意味を単語（属性）の集合で表現する．これは，先の意味ネットワークの階層構造などに比べると非常にあいまいな意味表現の方法である．しかし，柔らかい定義だからこそ，意味というつかみどころのないものを柔軟に表現できる利点がある．

概念ベースにおいて，任意の概念 A は，概念の意味や特徴を表す属性 a_i と，その属性 a_i が概念 A を表すうえでどれだけ重要かを表す重み w_i の対で表現される．概念 A の属性数を N 個とすると，概念 A は以下のように表すことができる．

$$A = \{(a_1, w_1), (a_2, w_2), \cdots, (a_m, w_m)\}$$

ここで，属性 a_i を概念 A の一次属性とよぶ．また便宜上，A を概念表記とよぶことにする．このような属性で定義された語（概念）を大量に集めたものが概念ベースである．概念ベースの大事な特徴として，任意の一次属性 a_i はそれ自体も概念の集合に含まれているということが挙げられる．これにより，ある概念の一次属性自体も概念であるため，その属性を抽出できる．これを元の概念の二次属性とよぶ．つまり，このように処理を進めていくと，図 2.5 のように，概念を n 次までの属性の連鎖集合として表現することができる．

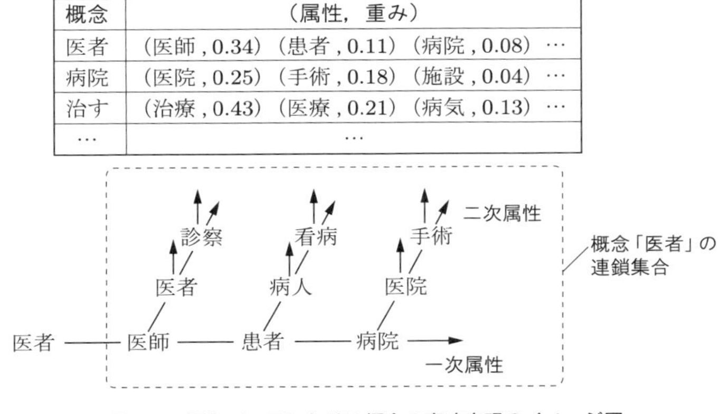

概念	（属性，重み）
医者	（医師，0.34）（患者，0.11）（病院，0.08）…
病院	（医院，0.25）（手術，0.18）（施設，0.04）…
治す	（治療，0.43）（医療，0.21）（病気，0.13）…
…	…

図 2.5　概念ベースにおける概念の意味表現のイメージ図

このように，概念ベースを用いた意味表現とは，単語を単語の集合で表現することで意味を捉えようという考え方に基づく方法である．この考え方をうまく活用することで，単語からの連想を実現することができ，これは単語の意味の推定につながっていく．これに関しては，5.3.3 項と 5.5 節で触れることにする．

本章のまとめ

- 単語辞書やシソーラスとよばれる辞書がある．
- コーパスとは，人間が実際に書いたり，話したりした表現をそのまま大量に収集したデータ群のことである．
- 知識ベースとは，ある専門分野に特化した知識群のことである．
- 意味や概念を扱うための複数の表現方法が提案されている．

章末問題

1. 人が普段使用する辞書と自然言語処理で利用される辞書の違いについて説明せよ．
2. コーパスから抽出される 2 種類の知識について，具体例を用いて説明せよ．
3. 膠着語について，他二つの文法体系と比較しながら説明せよ．

第 3 章

文字の羅列から単語を見つける
—形態素解析—

第 2 章では，どんな単語があり，その意味は何なのかを調べるための知識について触れた．しかし，せっかくたくさんの知識をもっていたとしても，それをうまく利用しなければ宝の持ち腐れである．つまり，様々な単語に関する知識があったとしても，そもそもその単語がどこにあるのかを把握できなければ，せっかくの知識を利用することはできないのである．

そこで本章では，辞書やコーパスなどの知識を利用し，ある文の中にはどの単語が使用されているのか，そしてその単語の品詞は何かを知る方法（＝形態素解析）について述べることにする．本章で説明する内容が，自然言語をコンピュータで扱うための第一歩であり，第一段階の処理として非常に重要なものになる．

まず，3.1 節で文を単語に区切る形態素解析について説明し，3.2，3.3 節で用語の定義をする．3.4 節では，形態素解析の難しさについて述べた後，3.5 節以降では具体的な形態素解析の手法について説明する．

3.1 | 形態素解析とは

我々人間が物事を言語で表現するとき，一つの単語のみで表現できることもあるが，一般的には，様々な単語をいくつもつなぎ合わせて文をつくり，またその文をいくつもつなぎ合わせて文章をつくる．このように，文の中には，多くの単語が含まれている．第 2 章では，どんな単語が世の中にはあり，その単語がどんな意味なのかを知る術を紹介した．では，その単語のうちのどれが文に含まれているのかを，どうすれば知ることができるのか？　この問題を解決するのが，**形態素解析**という手法である．

我々人間は，文を見ると，無意識のうちにその文の中に含まれる単語をいとも簡単に見つけだすことができる．しかし，文は単語の羅列である以前に，コンピュータにとっては単なる文字の羅列に過ぎない．英語やドイツ語などの言語であれば，単語と単語の間にスペースを空けて文を綴るため一目瞭然である．しかし，日本語や韓国語などの言語はスペースを用いず，すべての単語をつなげて記述するため，どこからどこまでの文字列が一つの単語であるかを判断することは難しい．

形態素解析では，意味をもつ最小の文字列であり，一番小さな文法上の単位である**形態素**という塊ごとに文を分割する．この処理のことを**分かち書き処理**とよぶ．また，この処理と同時に，その形態素の品詞は何なのか，活用などの変化があるのかないのか，活用がある場合にはどのような変化をしており，元の表記は何かということも解析する．

3.2 自然言語で扱う表現に関する定義

これまでの第1，2章では，語彙を単語として記してきたが，形態素という新しい表現が出てきたため，ここで，自然言語で扱われる表現の単位について定義しておくことにする．以下に，自然言語で扱われる表現を塊の小さい順に示す．つまり，自然言語は以下のような階層構造をもっているといえる．

音素　：人間の情報伝達において音声をどのように使用しているかをもとに定義された音の単位である．
↓
文字　：言葉を記すための最小の言語単位であり，一つ以上の音素からできている．
↓
形態素　：意味をもつ最小の言語単位であり，一つ以上の文字からできている．
↓
語（単語）　：文法上一つの機能（一つの意味のまとまり）をもつ最小の言語単位であり，一つ以上の形態素からできている．
↓
文節　：文を意味と発音の観点から不自然でない程度に区切った最小の言語単位であり，一つ以上の語（単語）からできている．
↓
文　：あるまとまった内容をもち，形の上で完結した言語単位であり，一つ以上の文節からできている．
↓
文章（テキスト）　：順序付けされた文の集まりであり，一つ以上の文からできている．

音素とは，日本語ではいわゆる子音や母音といわれるもので，たとえば「音」という単語の読みは「おと」であり，ローマ字で表現すると「o-to」となる．この

「o」や「t」が音素である．以後，上記の定義に準じて各用語を使うことにする．なお，本章で主として扱う形態素という概念は，そもそもは欧米語の言語研究において導入されたものであり，日本語との相性が良いとはいえないのも現実である．たとえば，日本語においては形態素と語（単語）の違いはあまりなく，両者はほぼ同じように扱われているといってもよい．

コラム

文節とは何なのか？

上の各表現の説明文を見てもわかるとおり，文節は他に比べて非常に曖昧な区切り目である．にもかかわらず，非常に馴染み深い区切り目であり，言葉の係り受け（修飾被修飾の関係）を調べる際にはなくてはならない概念である．小学校のときには，「終助詞の「ね」を挿入して自然に聞こえるところ」と習った人も多いのではないだろうか？　こんな曖昧なものをコンピュータで扱えるのか？　次の第 4 章で自然言語処理での定義を説明するので，お楽しみに．

3.3 品詞と活用

3.1 節で述べたように，形態素解析における処理には，形態素に分解する分かち書き処理の他に，その形態素の品詞と活用を特定する行程も含まれる．一般的には，日本語の品詞は図 3.1 で示す 10 種類に分類される．

一方，図 3.1 とは異なる分類もある．たとえば，**活用語**，**派生語**，**複合語**への分類がそれに当たる．

活用語とは，文の中のはたらきの違いによって語形が変化する語であり，変化しない部分を**活用語幹**，変化する部分を**活用語尾**とよぶ．たとえば「食べる」という動詞の場合，活用語幹は「食べ」，活用語尾は「る」の部分になる．

派生語とは，ある語に付加的な要素が付いてできる語であり，元の語を**派生語幹**，付加的な要素を**接辞**（**接頭辞**，**接尾辞**）とよぶ．たとえば，「寒さ」，「真（ま）冬」の場合，派生語幹である「寒」，「冬」に，接頭辞である「真（ま）」，接尾辞である「さ」が付加されている．

複合語とは，複数の語が結合して一つの語になった語であり，携帯電話（携帯 + 電話）や自然言語処理（自然 + 言語 + 処理）がこれに当たる．

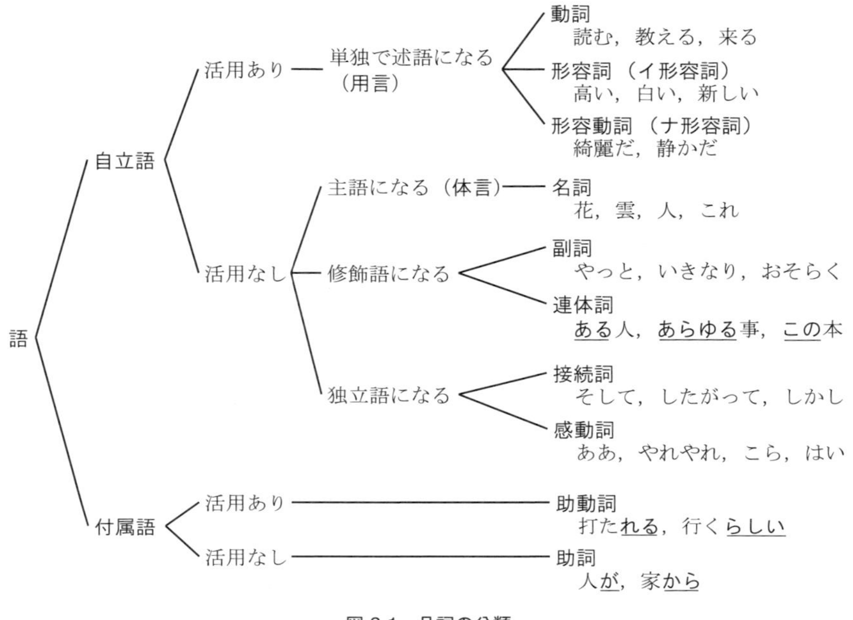

図 3.1 品詞の分類

3.4 形態素解析の難しさ

形態素解析とは，これまで述べてきたように，簡単にいえば辞書に登録されているどの単語が文に含まれているかを調べる処理である．そこで，文を表現している文字列のはじめから最後まで，一文字ずつ順番に調べていけば済むのではないかと思うかもしれない．しかし，そう簡単なものではない．辞書には，一文字で表現される単語，たとえば「は」や「も」などという格助詞も登録されており，またたとえば，「は」は「は（葉）」や「は（歯）」，「は（刃）」などという名詞の可能性もある．このように，単純に一文字ずつを先頭から見ていくだけでは，文を表現している文字列は細切れにされ，正しい単語の塊を見つけ出すことができなくなってしまう．

また，正しい区切り目を見つけ出すことができなければ，その文が表現している意味を間違えて解釈してしまうこともある．たとえば，

「ここではきものをぬぐこと」

という文の場合，

「ここで，はきものをぬぐこと（ここで履物を脱ぐこと）」
「ここでは，きものをぬぐこと（ここでは着物を脱ぐこと）」

という 2 種類の区切り目で解釈することができる．区切り目を間違うとこんなに意味が変わることからも，形態素解析は非常に重要な処理であることがわかる．

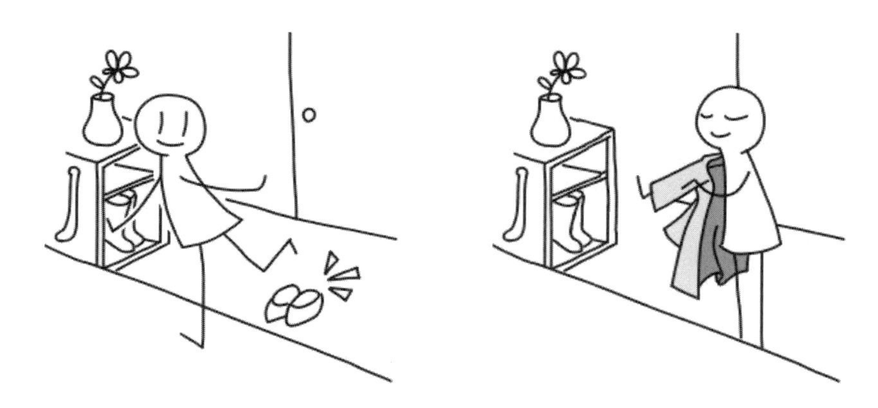

その他に，形態素解析において注意すべき問題には，以下のようなものがある．

- 数多くの文法体系があり，「これが正しい」という文法が存在しない．しかも，そもそも品詞分類の定義などの根本的な部分にゆれがある．なお，正しい文法のことを**正書法**とよぶ．つまり，自然言語には正書法がないことが，それを処理するうえでの問題である．
- とくに日本語では様々な要素を省略して表現することが多く，文法に則った表現をするとは限らない．

  例：「私はコーヒー」という発言は，たとえば「私の注文はコーヒーです」と解釈することができる．なお，この省略されている部分の解釈は話の流れや前後にある文章などにより異なる．
- とくに日本語の特徴として，外来語をその発音をカタカナ表記にしてそのまま用いることが非常に多い．

  例：ランダム（無作為），デバイス（装置）
- どれを複合語とすべきかの判断が難しい．複数の語が結合して一つの語になった語が複合語であるが，前述のように言葉は生き物であり，また，分野によってもその語の一般度合いが異なるため，どの複合語を辞書に登録しておくべきかをはっきりと決めることができない．

例：携帯電話（携帯 + 電話），電話ボックス（電話 + ボックス）

・とくに日本語の特徴とされる略語の問題がある．たとえば英語の場合は，ある単語の頭文字をとって略語を形成する（NLP：Natural Language Processing（自然言語処理）など）ことが一般的であるが，日本語では，単語のある部分を切り出してつなぎ合わせることで略語を形成しており，より複雑であるといわれている．この略語には様々なバリエーションがあり，日々創出され続けるため，簡単には辞書に登録することができない．

例：マクドナルド = マック，マクド

・同音異義語が多数存在し，時と場合，前後関係などから正しく解釈する必要がある．

例：はし = 橋，端，箸

・同じ単語でも，読み方の違いにより意味が異なることがある．

例：正しく = ただしく，まさしく

・方言により，同じものを異なる表記で表現することがある（異音同義語）．

例：自転車 = チャリ，チャリキ，チャリンコ，ケッタ，…

これらの問題点の解決策としては，2.2 節で述べた制約（絶対的な規則）や選好（優先規則）を利用することが多い．

コラム

方言か言語か

関西弁や東北弁など日本にも多くの方言がある．地域や集団のつながり方などに応じて様々に変化していった結果である．隣の地域と戦争状態になった場合，異なる言語を話していれば，情報が漏れることも少なく，敵味方も簡単に判別することができるので便利である．では，方言と言語の境界線はどこなのか？ これは非常に難しく，専門家でも意見の分かれるところのようだ．確かに，たとえば沖縄の方で話されているいわゆる「琉球の言葉」も日本語の方言なのか，琉球語という別の言語なのかの判断は難しい．筆者の経験上，ほとんどの方言は何となく理解することができたが，琉球の言葉と津軽の言葉だけは，関西人の筆者には本当にまったくわからなかった….

3.5 | 形態素解析の基本的なアルゴリズム

以下，3.5〜3.8 節では形態素解析の手法について説明する．まず本節では，基本的なアルゴリズムを見ていく．形態素解析の基本的なアルゴリズムは，以下の二つのステップで実現されており，基本的には辞書と制約によって実現されている．

ステップ 1：入力された文中の各位置から始まる単語を，2.1 節で説明した**単語辞書**（表 3.1）を参照して取り出す．

ステップ 2：前後に位置する取り出した二つの単語どうしが，連続して書かれる可能性があるのかどうかを判断しながら単語をつなげていく．

表 3.1　単語辞書の例

見出し語	読み	品詞	活用型
家	いえ	名詞	—
彼	かれ	名詞：代名詞	—
飛ぶ	とぶ	動詞	五段・バ行
見る	みる	動詞	上一段
⋮	⋮	⋮	⋮

ステップ 1 では単語辞書を参照することになるが，単語辞書に登録されていない単語はもちろん取り出すことができない．このような単語を**未定義語**とよぶ．この問題は，辞書を使用するアルゴリズムである以上避けられない．しかし，放っておくこともできないため，選好を利用してある程度解決する努力はなされている．単語辞書に登録されないけれどもよく文中で使用される語として，たとえば人名や地名，会社名などの固有名詞を挙げることができる．これらについては，連続する漢字，カタカナ，記号などを一つの名詞として処理することが一般的であり，それによりある程度は解決できる．

ステップ 2 で前後に位置する単語がつながってよいかの判断をする際には，ステップ 1 で使用した単語辞書とは別の**連接可能性辞書**（表 3.2）を用いる．

なお，表 3.2 の連接可能性辞書は人間が理解しやすいように表現されているが，実際にコンピュータ上でデータベース化されるときには，表 3.3 のような形になる．表 3.3 の「1」が連接可能，「0」が連接不可能を表現している．

このように，二つのステップによる解析を文末まで繰り返し行うことで，形態

表 3.2 連接可能性辞書の例

左側	右側
文頭	名詞，動詞，形容詞，副詞，…
名詞	名詞，助詞：格助詞，助詞：副助詞，…
動詞：未然形	助動詞：ない，動詞：接尾：られる，…
動詞：連用形	助動詞：ます，助詞：接続助詞：つつ，…
⋮	⋮
副詞	名詞，動詞，形容詞，副詞，…
⋮	⋮

表 3.3 コンピュータ上でデータベース化された連接可能性辞書の例

左側＼右側	名詞	動詞：未然形	動詞：連用形	…	副詞	…
文頭	1	1	1	…	1	…
名詞	1	0	0	…	0	…
動詞：未然形	0	0	0	…	0	…
動詞：連用形	0	1	1	…	1	…
⋮	⋮	⋮	⋮	⋮	⋮	⋮
副詞	1	1	1	…	1	…
⋮	⋮	⋮	⋮	⋮	⋮	⋮

素解析が実現される．図 3.2 に「ここではきものをぬぐこと」という文に対する形態素解析の処理結果を示す．なお，図 3.2 のような結果の記し方を**ラティス構造**とよぶ．

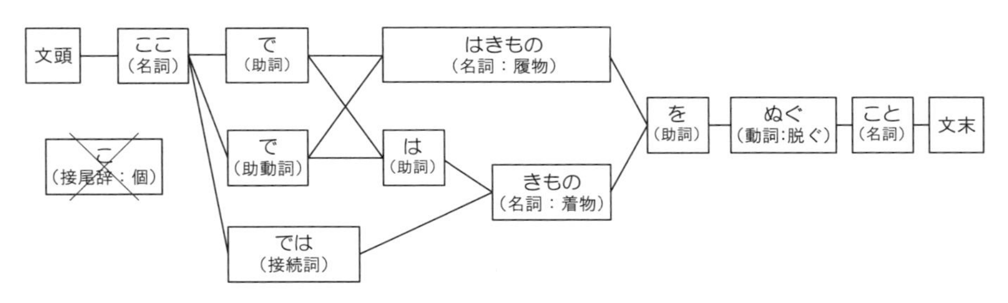

図 3.2 形態素解析結果の例

文頭から「ここではきものを」までを見てみても，単語の区切り方には複数の可能性が存在していることがわかる．また，先頭の接尾辞の「こ（個）」の後には，助詞の「で」や助動詞の「で」，接続詞の「では」は連接できないため，形態素解析の処理結果の候補から除外されていることもわかる．

ここまでの制約による処理では，図 3.2 のように複数の結果の可能性が示されている．しかし，明らかに不自然な候補も存在しており，あまりに多くの可能性を残したまま次の処理である第 4 章の構文解析や第 5 章の意味解析を行うことは適切でない場合が多い．そのため，次節以降の処理を施すことにより，ある程度結果を絞り込む必要がある．

3.6 ヒューリスティック法

2.3 節でも出てきたが，ヒューリスティックスとは，発見的規則や経験則を表す用語である．つまり，選好を駆使して複数の処理結果の候補からある程度絞り込む手法がヒューリスティック法である．有名なヒューリスティック法には，**最長一致法**と**分割数（形態素数）最小法**がある．

最長一致法とは，文頭から解析し，複数の可能性のうち最長の単語を選択する手法である．高速に処理することができ，使用するメモリ量も少なくて済むという特徴がある．また，この手法から派生した**二文節最長一致法**という手法もある．これは，連続する二文節が最長となる結果を選択する手法である．

分割数（形態素数）最小法とは，入力された文（文字列）を構成する単語の総数が最小になる解析結果を選択する手法である．最長一致法に比べて多くのメモリ量が必要となるが，より精度の高い処理が期待できる．また，この手法からは**文節数最小法**という手法も提案されている．これは，入力された文を構成する文節数が最小となる結果を選択する手法である．

これら最長一致法と分割数最小法の処理結果の違いについて，以下の例を使って見てみる．入力される文を「同志社大学事務局」とし，単語辞書に「同志社」，「同志社大学」，「大学」，「事務」，「局」，「大学事務局」の六つの単語が登録されていたとする．この場合，最長一致法では，文頭から最も長い単語を順に選択していくため，結果は

「同志社大学　事務　局」

となる．一方，分割数最小法では，文を構成する単語数が最小になる単語を選択するため，結果は

「同志社　大学事務局」

となる．

ここで，次の例題を解いてみよう（解答は次ページ）.

例題 3.1　以下の単語が登録されている単語辞書を用いて，入力文「このひとことでげんきになった」を形態素解析するとき，次の問いに答えよ．なお，以下のすべての単語間において連結可能性が保証されているものとする.

【単語辞書に登録されている単語】
この，ひ，このひ，と，こと，ひとこと，で，
げん，げんき，に，きになった，なった

（1）　形態素解析の結果をラティス構造で示せ.

（2）　最長一致法ならびに分割数最小法で形態素解析したときの最終結果をそれぞれ示せ.

例題 3.1　解答

（1）　形態素解析は，3.5 節で述べたとおり，単語辞書を参照することで入力文中に含まれる単語を見つけ出し，連結可能性辞書でその単語と次の単語がつながるかを調べる作業を文末まで繰り返すことで実現される．

また，ラティス構造とは，図 3.2 に示したように，形態素解析の結果の可能性のすべてを記す方法である．

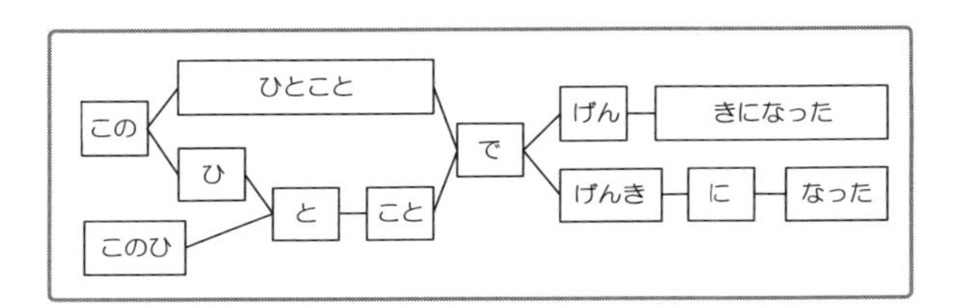

（2）　本節で説明したように，最長一致法とは，複数の可能性のうち最長の単語を先頭から選択していく手法である．

入力文の先頭を見ると単語「この」と単語「このひ」があるため，長い単語の「このひ」をまずは選択する．

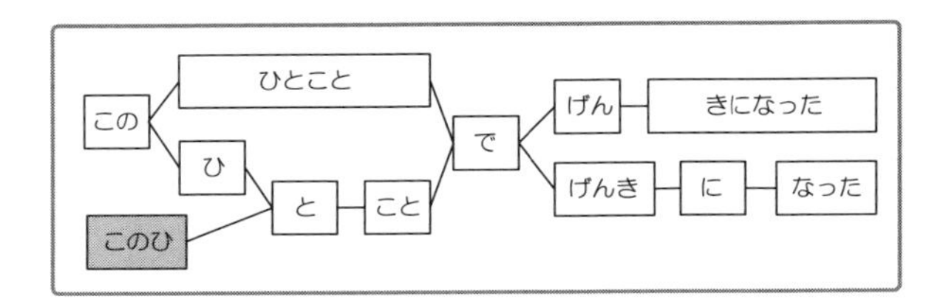

単語「このひ」の後は単語「で」までは複数の選択肢はないため，単純に選択することとなる．

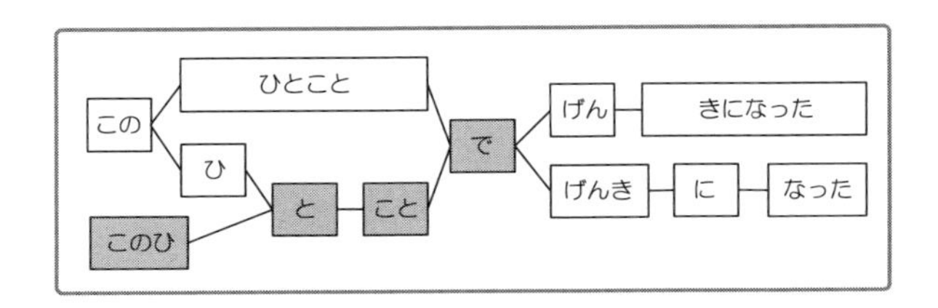

単語「で」の後は単語「げん」と単語「げんき」の二つの可能性があり，この場合も長い単語「げんき」が選択される．

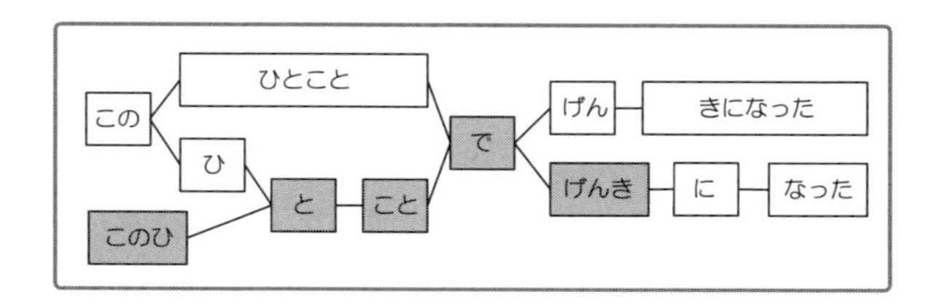

よって，最終的な解としては，「このひ／と／こと／で／げんき／に／なった」となる．

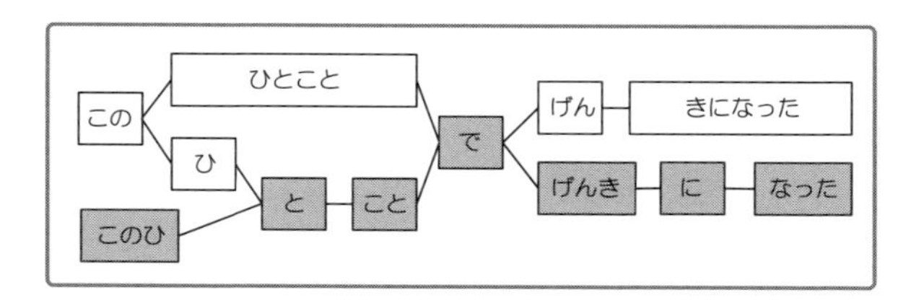

次に分割数最小法を用いて形態素解析を行う．分割数最小法も同じく本節で説明したように，構成する単語の総数が最小となる形態素解析の結果を選択する手法である．

単語「で」の部分までの前半では，分割数が3となる「この／ひとこと／で」が最も分割数が少ない組み合わせとなる．

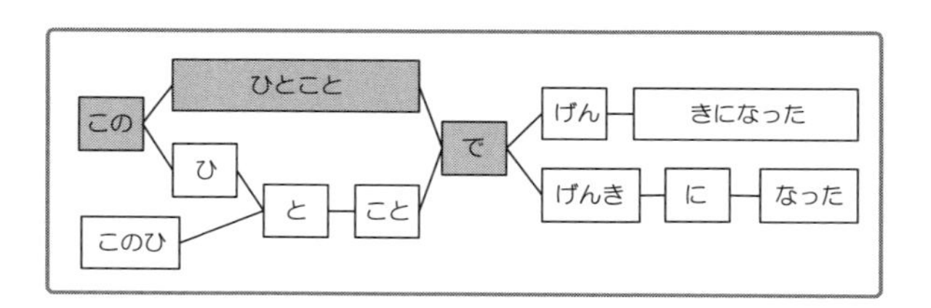

次に単語「で」より後ろの部分では，分割数が2となる「げん／きになった」が最も分割数が少ない組み合わせとなるため，最終的な解としては，「この／ひとこと／で／げん／きになった」となる．

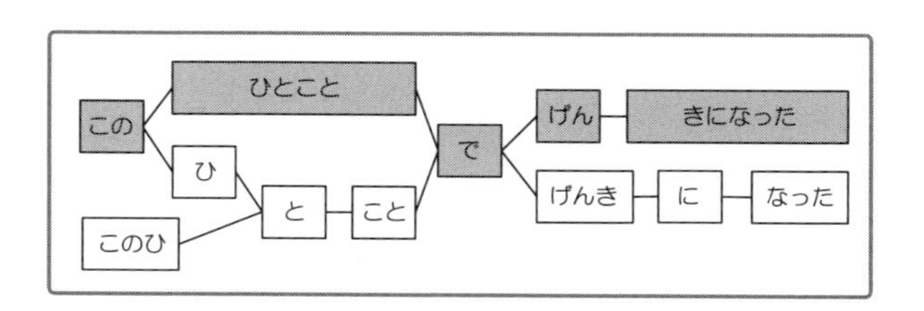

3.7 | 統計的言語モデルによる手法

前節のヒューリスティック法でもある程度の性能を担保することはできる．しかし，これはあくまでも経験則によるものであるために改良することが難しく，また，いわゆる「匠の業」に依存せざるを得ないため，開発者の技量に大きく左右される手法である．技術は受け継がれていくものではあるが，伝統産業などにおける後継者問題にも見て取れるように，匠の業を伝承することは非常に難しい側面がある．そのため，はじめて触れる素人でも扱えるような枠組みを考え導入する方が，遠い将来のことを考えると得策となることもある．

そこで，ヒューリスティックスという曖昧なものではなく，数値により明確に扱う手法が考えられた．それが統計的言語モデルによる手法である．ここでは，**マルコフモデル**，**単語 n-gram モデル**，**隠れマルコフモデル**の 3 種類の考え方を用いた方法について説明する．

3.7.1 マルコフモデル・n-gram モデル

マルコフモデルとは，「ある現象が起こることは現在あるいは近い過去にのみ依存し，遠い過去とは無関係である」という考え方に基づいたものであり，とくに「現在のみに依存する」とした場合を**単純マルコフモデル**とよぶ．なお，このモデルにより生じる時系列を**マルコフ過程**とよぶ．天気予報を例にすると，「今日は曇りだから明日は雨だろう」と今日の天気から明日の天気を予測するのが単純マルコフモデルである．

この単純マルコフモデルを自然言語処理に応用して，「ある単語が出現するのは，その直前に出現した単語にのみ依存する」と考える．ただし，形態素解析の場合では一つの単語ではなく，実際には複数の単語列について解析することになる．そのため，確率を導入し，ある単語列に対する確率を以下のような計算式で算出する．この確率をもとに，形態素解析の結果を絞り込むことができる．

$$P(W) = \prod_{i=1}^{m} P(w_i|w_{i-1}) \qquad \text{ただし，} W = w_1, \cdots, w_m$$

単語列 W の出現確率

掛け算

単語 w_{i-1} が出現したときの単語 w_i の出現確率

また，単語 n-gram とは，この単純マルコフモデルを拡張した **n 重マルコフモ**

デルとよばれるものであり，2.2 節で述べたように「ある単語が出現するのは，その直前に出現した単語にのみ依存するのではなく，過去に出現した単語列に依存する」とする考えである．同じく天気予報を例にすると，「昨日も曇りで今日も曇りだから，ついに明日は雨になるだろう」と予測することに相当する．つまり，次の計算式のように，n 個の単語が出現した後にある単語が出現する確率を算出する．

$$P(W) = \prod_{i=1}^{m} P(w_i | w_{i-n} \cdots w_{i-1}) \qquad \text{ただし，} W = w_1, \cdots, w_m$$

単語列 W の出現確率（$P(W)$）

掛け算（$\prod$）

単語 w_{i-n}～w_{i-1} が出現したときの単語 w_i の出現確率（$P(w_i | w_{i-n} \cdots w_{i-1})$）

なお，上式で $n = 1$ とすれば，単語 1-gram が前述の単純マルコフモデルと同じであることが確認できる．

例題 3.2　次に示す五つの文を対象とし，分かち書き処理をした結果が以下のようになったとき，単語「の」の後に単語「講義」が出現する確率を求めよ．

【対象とする文】

- 大学で専門の講義を受けてきました
- 大学の講義は大変ですか
- 大学は楽しいですが講義は思ったより大変です
- 講義の担当の先生は良い先生ですか
- 先生は厳しいですが講義の補助をしてくれる先輩がいるので大丈夫です

【分かち書き処理をした結果】

- 大学／で／専門／の／講義／を／受け／て／き／まし／た
- 大学／の／講義／は／大変／です／か
- 大学／は／楽しい／です／が／講義／は／思っ／た／より／大変／です
- 講義／の／担当／の／先生／は／良い／先生／です／か
- 先生／は／厳しい／です／が／講義／の／補助／を／し／て／くれる／先輩／が／いる／の／で／大丈夫／です

例題 3.2 解答

単語「の」の後に単語「講義」が出現する確率を求めるということは，本節で扱った単語 n-gram の中でも単語 1-gram，つまり単純マルコフモデルで用いられる考え方である．

考え方としては，すべての可能性のうちで該当する可能性がどれくらいあるかを割合で表現すればよい．今回の場合は，単語「の」が出現することが前提条件になっているため，まず単語「の」の出現回数を求める．さらに，該当する現象として単語「の」の後に単語「講義」が出現する回数を求める．そして，該当する現象の回数をすべての可能性の回数で割ることで確率を算出することができる．よって，

単語「の」が出現する回数 = 6 回
単語「の」の後に単語「講義」が出現する回数 = 2 回

つまり，

$$\text{単語「の」の後に単語「講義」が出現する確率} = 2 \div 6 = \frac{1}{3} \fallingdotseq 0.33$$

となる．

なお，本節で説明したように，入力文全体の単語列の出現確率を求める際には，このような計算を文頭から文末まで行い，すべての確率を掛け合わせたものが最終結果となる．

3.7.2 隠れマルコフモデル

隠れマルコフモデル（HMM）とは，マルコフモデルを拡張したものである．マルコフモデルでは直接観測できるものを扱っているのに対して，隠れマルコフモデルでは，その名のとおり直接的には観測できない「隠れた」状態までをも想定する．天気予報でいうと，「今日は南風が強く吹いたから低気圧が近づいているに違いない．明日はその低気圧がますます近づいてくるから雨になるだろう」という予測になる．一般人が直接観測できるものは曇りや雨という天気だけであり，気圧配置については，専門の測定装置を駆使して集めたデータから専門家が解析することではじめて得られるものである．つまり，一般人にとって天気配置は一般的にはわからない隠れた状態である．

自然言語処理においては，マルコフモデルでは直接観測できる情報である単語の表記のみを対象に扱うことを説明したが，隠れマルコフモデルではこの単語の表記だけではなく，解析しないとわからない隠れた内部の情報，たとえば品詞情

報などもともに扱うことになる．つまり，以下の計算式のように，ある単語の出現頻度は一つ前の単語の品詞からその単語の品詞に遷移する確率と，その品詞の中でその単語が出現する確率の積として求められる．

$$P(W) = \prod_{i=1}^{m} P(t_i|t_{i-1})P(w_i|t_i) \qquad \text{ただし，} W = w_1, \cdots, w_m$$

- $P(W)$：単語列 W の出現確率
- $\prod$：掛け算
- $P(t_i|t_{i-1})$：品詞 t_{i-1} が出現したときの品詞 t_i の出現確率
- $P(w_i|t_i)$：品詞 t_i が出現したときの単語 w_i の出現確率

マルコフモデルと隠れマルコフモデルの違いを**状態遷移図**で示すと，図3.3のようになる．ここで，w は単語，t は品詞を表している．マルコフモデルでは，単語を状態と捉えて単語間の接続関係を**遷移確率**としているのに対し，隠れマルコフモデルでは，品詞間の遷移確率によって単語間の接続関係を間接的に表現している．

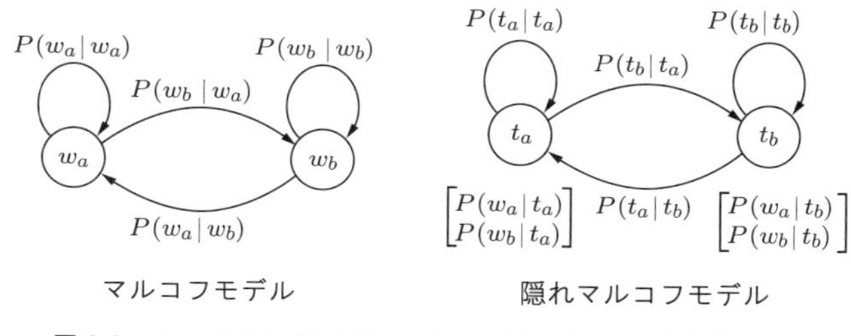

図3.3　マルコフモデルと隠れマルコフモデルにおける状態遷移図

例題 3.3 次に示す五つの文を対象とし，形態素解析をした結果が以下のようになったとき，助詞の後に名詞「講義」が出現する確率を隠れマルコフモデルを用いて求めよ．

【対象とする文】

・大学で専門の講義を受けてきました
・大学の講義は大変ですか
・大学は楽しいですが講義は思ったより大変です
・講義の担当の先生は良い先生ですか
・先生は厳しいですが講義の補助をしてくれる先輩がいるので大丈夫です

【形態素解析をした結果】

・大学（名詞）／で（助詞）／専門（名詞）／の（助詞）／講義（名詞）／を（助詞）／受け（動詞）／て（助詞）／き（動詞）／まし（助動詞）／た（助動詞）

・大学（名詞）／の（助詞）／講義（名詞）／は（助詞）／大変（名詞）／です（助動詞）／か（助詞）

・大学（名詞）／は（助詞）／楽しい（形容詞）／です（助動詞）／が（助詞）／講義（名詞）／は（助詞）／思っ（動詞）／た（助動詞）／より（助詞）／大変（名詞）／です（助動詞）

・講義（名詞）／の（助詞）／担当（名詞）／の（助詞）／先生（名詞）／は（助詞）／良い（形容詞）／先生（名詞）／です（助動詞）／か（助詞）

・先生（名詞）／は（助詞）／厳しい（形容詞）／です（助動詞）／が（助詞）／講義（名詞）／の（助詞）／補助（名詞）／を（助詞）／し（動詞）／て（助詞）／くれる（動詞）／先輩（名詞）／が（助詞）／いる（動詞）／の（名詞）／で（助動詞）／大丈夫（名詞）／です（助動詞）

例題 3.3　解答

助詞の後に名詞「講義」が出現する HMM の確率も，考え方としては，単純マルコフモデルと基本的には同じである．違いは，HMM の名称にもあるとおり隠れた情報を利用することにある．ここでいう隠れた情報とは，各単語がもつ品詞情報である．

つまり，すべての可能性のうちで該当する組み合わせがどれくらいあるかを割合で表現することになるが，扱うものは単語そのものではなく品詞になる．よって，今回の場合は，品詞「助詞」が出現することが前提条件になっているため，まず品詞「助詞」の出現回数を求める．さらに，該当する現象として品詞「助詞」の後に品詞「名詞」が出現する回数を求める．そして，該当する現象の回数をすべての可能性の回数で割ることで，確率を算出する．この例題においては，

品詞「助詞」が出現する回数 = 21 回
品詞「助詞」の後に品詞「名詞」が出現する回数 = 10 回

であるため，

$$\text{品詞に関わる確率 } P(t_2 = \text{名詞} \mid t_1 = \text{助詞}) = \frac{10}{21} \fallingdotseq 0.48$$

となる．

しかし，HMM ではこれで終わりではない．これだけでは品詞の単純マルコフモデルにおける確率を求めたに過ぎない．そこで次に，助詞の後に名詞「講義」がくるという条件のうちの後半に着目する．つまり，品詞「名詞」のときにその単語が「講義」である確率を算出するのである．これまでの算出過程と同じく，品詞「名詞」が出現することが前提条件になっているため，まず品詞「名詞」の出現回数を求める．さらに，該当する現象として品詞が名詞のときにその単語が「講義」である回数を求める．そして，該当する現象の回数をすべての可能性の回数で割ることで確率を算出する．すなわち，

品詞「名詞」が出現する回数 = 19 回
品詞が名詞のときにその単語が「講義」である回数 = 5 回

であるため，

$$\text{単語に関わる確率 } P(w_2 = \text{講義} \mid t_2 = \text{名詞}) = \frac{5}{19} \fallingdotseq 0.26$$

となる．

このようにして算出された品詞の確率と単語の確率を掛け合わせたものが，最終的に求めるべき確率である．よって，

$$\text{助詞の後に名詞「講義」が出現する確率 } P(w_2 = \text{講義} \mid t_1 = \text{助詞})$$
$$= \frac{10}{21} \times \frac{5}{19} = \frac{50}{399} \fallingdotseq 0.13$$

となる．

3.8 動的計画法

動的計画法とは,「現在の状態における最適な解は,直前の状態における最適な結果からのみ導き出され,それ以前の状態や結果にはいっさい依存しない」という最適性の原理に基づき,部分的な最適解をはじめから最後まで繰り返し求めていくことで,全体として最適解を得る手法である.形態素解析においては,この動的計画法の一種である**ビタビアルゴリズム**がよく用いられる.実際には,単語どうしの接続のしやすさを表すコストを算出しておき,このコストを手掛かりに最適解を見つけていく.3.5 節の図 3.2 に示した「ここではきものをぬぐこと」という例文に対して,コストを導入しビタビアルゴリズムで最適解を求める例を図 3.4 に示す.

ここで,括弧外の数字は前後間の接続コスト,括弧内の数字が部分最小コスト,太線が部分最適解を示しており,文頭から文末までを太線で辿れるものが最適解となる.

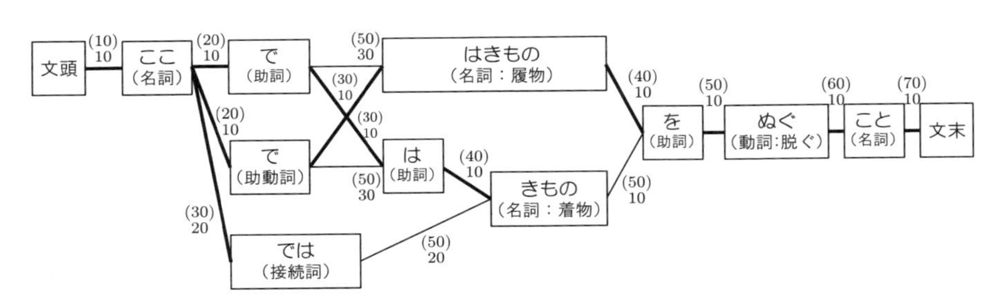

図 3.4 コストを導入した形態素解析結果の例

本章のまとめ

- 自然言語は階層構造をもっている.
- 単語は 10 種類の品詞に分類される.
- 形態素解析とは,文中に含まれる単語(厳密には形態素)を知るための処理である.
- 形態素解析の結果は通常複数あるため,次の構文解析を行う前にある程度結果を絞り込んでおく必要がある.

章末問題

1. 形態素解析で行われる三つの処理について説明せよ.
2. 形態素解析で用いられる 2 種類の辞書について，その内容とどのように利用されるかを説明せよ.
3. ラティス構造について説明せよ.

第 4 章

文法として正しい単語の並びになっているかをチェックする
—構文解析—

第 3 章では，コンピュータで自然言語を扱うための第一歩である形態素解析について説明した．この解析によって，文の中で使用されている単語がどのようなものなのかがわかるようになった．しかし，単にどんな単語が使用されているかがわかっただけでは，たとえば日本語としてその表現が正しいかどうかはわからない．形態素解析の処理では，あくまで辞書に登録されている単語を見つけ出したに過ぎず，不自然でおかしな単語の並びになっている可能性も高い．

そこで本章では，第 2 章で導き出した単語列が文法の規則に合っているかどうかをチェックする方法について述べる．この処理により，ようやく日本語としての体をなした表現にすることができる．

4.1 節では，文法チェックを行う構文解析について，4.2 節以降では，4 種類の具体的な構文解析の手法について説明する．

4.1 | 構文解析とは

前章でも述べたように，我々人間が物事を言語で表現するとき，様々な単語をいくつもつなぎ合わせて文をつくる．しかし，単語をただ闇雲に羅列していけばよいというわけではなく，言語のルールに従って単語を配置する必要がある．つまり，その言語の文法に則って表記する必要があり，この文法チェックを行うのが**構文解析**という手法である．前節の形態素解析では，文を辞書に登録されている単語の羅列にすることができた．その後，構文解析を行うことで，文法の規則に則っているかをチェックし，構文構造を導き出す．

3.4 節でも述べたとおり，自然言語を扱うに当たって，基本的には「これが正しい」という文法（正書法）は存在しない．1.2 節で説明したように，日本の学校教育では学校文法とよばれている文法を学習するが，これはあくまで人間が日本語を理解するうえでわかりやすい体系の文法である．そのため，この学校文法はコンピュータとは相性があまり良くなく，コンピュータで自然言語を扱おうとした場合には問題が生じる．たとえば，3.2 節で述べたように，学校文法では文節を「終助詞の「ね」を挿入して自然に聞こえる切れ目」と教わることが多い．しかし，この定義では「自然に聞こえる」ということをコンピュータで判断することが難しいため，コンピュータではこの方法をとることはできない．そこで実際には，文節を以下のように定義し処理している．

$$(\text{接頭語})^{*}(\text{自立語})^{+}(\text{接尾辞 or 付属語})^{*}$$

ここで，「＊」は 0 回以上の繰り返しを，「＋」は 1 回以上の繰り返しを表現している．つまり，文節は一つ以上の自立語の連なりに，接頭語や接尾辞が 0 個以上付いたものと定義される．なお，このような記述の仕方を**正規表現**とよぶ．

このように，文法もコンピュータと相性の良いものを使用する必要がある．そこで，コンピュータで自然言語を扱うための文法としては，**文脈自由文法**とよばれる文法を利用することが多い．それは，文脈自由文法は階層構造になった複雑な文や修飾–被修飾の関係が非常に離れているような文（**長距離依存性**）を扱うことができ，また，効率の良い解析アルゴリズムが存在しコンピュータで扱えることが証明されているからである．

文脈自由文法は，次に示す 4 種類の**句構造文法**とよばれる文法の一つである．それぞれ 0 型，1 型，2 型，3 型文法ともよばれ，型の数が増えるほど文法の記述に関する制限が強くなる．

- **制限なし文法**（0 型文法）
- **文脈依存文法**（1 型文法）
- **文脈自由文法**（2 型文法）
- **正規文法**　　（3 型文法）

なお，ここでいう「文脈」とは，我々が普段使用している「文章の流れの中での意味内容のつながり」という意味合いとしての文脈ではなく，「一つの文の中の構成要素の並び」のことを意味しているので注意してほしい．

これらの句構造文法は，ノーム・チョムスキーにより提唱された文法であり，**句構造規則**（**書き換え規則**または**生成規則**ともよばれる）で定義される．句構造規則とは，文を大きい句から小さい句へと順々に解析する手法である．なお，「句」とは規則に従ってまとめられた単語列であり，最も大きな句は文である．

句構造規則は，以下に示すような**終端記号**と**非終端記号**により記述される．

終端記号	非終端記号	句構造規則	
・彼	・s:　文	・s　→ pp vp	①
・果物	・vp: 動詞句	・vp → pp vp	②
・食べる	・pp: 後置詞句	・vp → v	③
・が	・n:　名詞	・pp → n p	④
・を	・v:　動詞	・n　→ 彼	⑤
	・p:　後置詞	・n　→ 果物	⑥
		・v　→ 食べる	⑦
		・p　→ が	⑧
		・p　→ を	⑨

終端記号は単語，非終端記号は句（や品詞，文など）を表している．この終端記号と非終端記号で表現された句構造規則の左辺の記号列を右辺の記号列に書き換えていくことで，文法のチェックを行うことができる．つまり，以下に示すように，文を表現する非終端記号「s」から始まり，最終的にはすべてが単語である終端記号に書き換えることができた場合，この表現は文法規則に沿ったものであるということがわかるのである．

s	→	pp vp	①
	→	n p vp	④
	→	彼 p vp	⑤
	→	彼 が vp	⑧
	→	彼 が pp vp	②
	→	彼 が n p vp	④
	→	彼 が 果物 p vp	⑥
	→	彼 が 果物 を vp	⑨
	→	彼 が 果物 を v	③
	→	彼 が 果物 を 食べる	⑦

なお，この操作のことを**導出**とよび，右の各行の数字は，どの句構造規則を用い

て導出を行ったかを示している．

前述したように，コンピュータで自然言語を扱う際に用いることが多い句構造文法は文脈自由文法であるが，それは四つ組 $\langle V_N, V_T, P, S \rangle$ で定義される．なお，それぞれの記号は以下を表現している．

V_N ：非終端記号の集合
V_T ：終端記号の集合
P ：生成規則の集合
S ：開始記号

この四つ組で定義される文脈自由文法を用い，対象となる文の導出を行うことで構文解析がなされる．解析結果は，2.1 節でも説明した木構造により表現されることが多い．構文解析の結果を表す木のことを，とくに**構文木**（**句構造木**，**解析木**）とよぶ．図 4.1 に，前述の例である「彼が果物を食べる」という文を構文解析した際の結果を示す．なお，構文木の中には，図 4.1 中の灰色で囲った部分のように，小さな木構造を成している箇所をもつ場合がある．このような部分を**部分木**とよぶ．

ここまで説明してきたように，構文解析は，句構造規則から導出を行うことで文法チェックを行い，解析結果を構文木という形で表す処理である．この構文木をつくる方法，つまり，導出の方法には複数の考え方がある．以下にそれぞれの考え方について説明する．

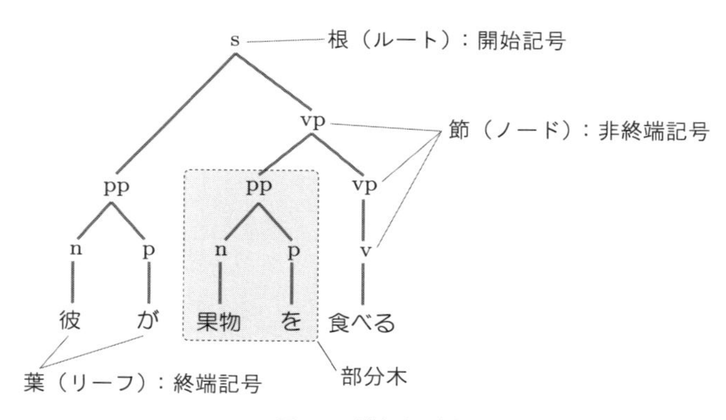

図 4.1 構文木の例

4.1.1 トップダウン解析とボトムアップ解析

トップダウン解析（下向き構文解析，予測駆動型）とは，構文木を上から下に向かって生成する手法である．つまり，生成規則の開始記号からスタートし，すべてが終端記号である単語になるように導出する．この手法により出力される結果はたかだか一つである．

一方，**ボトムアップ解析（上向き構文解析，データ駆動型）**とは，トップダウン解析とは逆に，構文木を下から上に向かって生成する手法である．つまり，終端記号である単語からスタートし，生成規則を逆に適用して開始記号まで辿り着くような逆方向の導出を行う．この手法では，表現可能なすべての解を出力することになる．

なお，これら2種類のうちのどちらを採用すべきかは，出力される解の性質が大きく異なるため，使用するアプリケーションにより適切に判断する必要がある．

4.1.2 縦型解析と横型解析

縦型解析（深さ優先解析）とは，構文木の一部を深く深く行き着くところまで導出していく手法である．もし，行き着くところまで行き，終端記号である単語にまで辿り着くことができなかった場合には，直前の分岐点まで後戻りをして解析を続ける．この後戻りのことを**バックトラック**とよぶ．バックトラックを行うためプログラムが複雑になるというデメリットはあるが，使用するメモリ量が少なくて済むというメリットもある．

一方，**横型解析（幅優先解析）**とは，構文木の同じ深さの節点をすべて導出してから次の深さの節点を導出していく手法である．こちらは，縦型解析とは逆に，同じ深さの節点をすべて導出していくため使用するメモリ量が膨大になるというデメリットはあるが，プログラム自体は非常に簡単であるというメリットもある．

これら2種類の採用に関しても，4.1.1項と同様，使用する機器のスペックによって適切に判断する必要がある．

4.1.3 右向き解析と左向き解析

右向き解析とは，文の文頭側から文末側に向かって構文木をつくる手法であり，**左向き解析**とは，その逆に，文の文末側から文頭側に向かって構文木をつくる手法である．なお，現在は右向き解析が主流になっている．

4.1.4　構文木の作成方法の組み合わせ事例

4.1.1 項から 4.1.3 項で述べたように，構文木をつくる方法には三つの考え方があり，それぞれ 2 種類ずつの手法が存在している．つまり，構文木のつくり方は全部で $2 \times 2 \times 2$ の 8 パターンがあることになる．これらの組み合わせのうち，図 4.2 にトップダウン解析 + 縦型解析 + 右向き解析の組み合わせによる解析を，図 4.3 にボトムアップ解析 + 横型解析 + 右向き解析の組み合わせによる解析のイメージ図を示す．

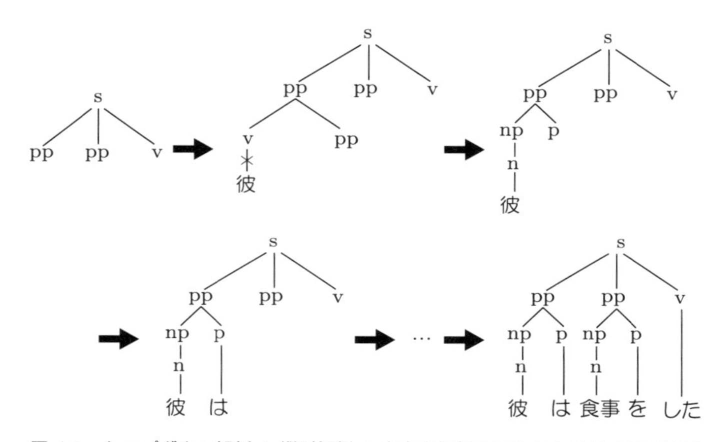

図 4.2　トップダウン解析 + 縦型解析 + 右向き解析の組み合わせによる解析例

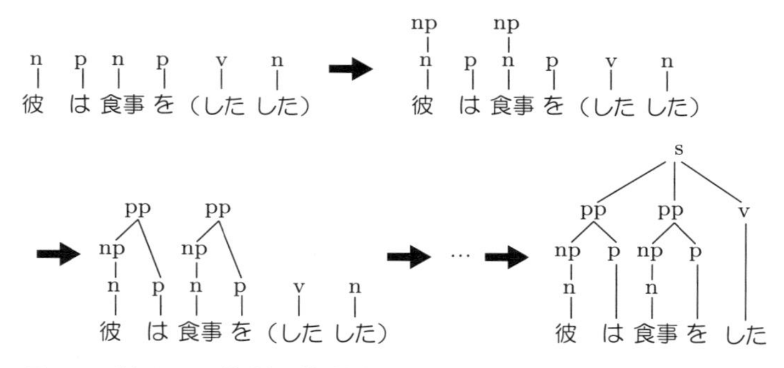

図 4.3　ボトムアップ解析 + 横型解析 + 右向き解析の組み合わせによる解析例

4.2　チャート法

構文解析アルゴリズムを実現するための一般的な枠組みとして，**チャート法**とよ

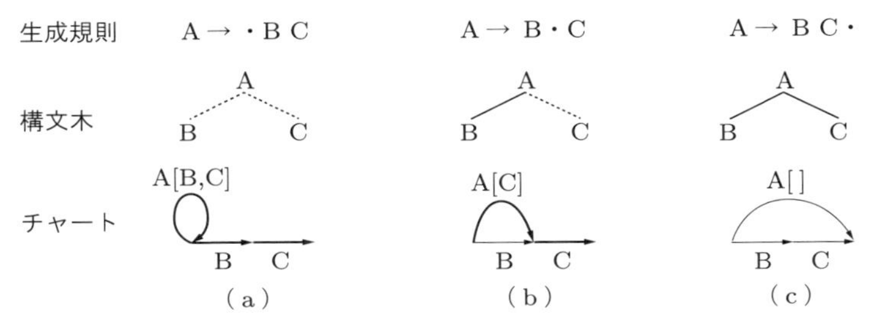

図 4.4　チャート法の表現例

ばれる手法がある．チャート法では，入力文中の位置を表す頂点と構文解析過程の途中の状態を表す弧からなるチャートを利用することで，構文解析を実現する．

たとえば，生成規則として「A → B C」があった場合，図 4.4 のような表現になる．

図 4.4 の上段には，生成規則の中に「・」が挿入されている．この「・」は，現在構文解析を行っている位置を示している．図 (a) の生成規則は「A → ・B C」となっているため，構文解析を行おうとしている状態であり，まだ実際には構文解析は行われていない．そのため，図 (a) の構文木は実際にはつくられておらず，それを点線で表現している．続いて，図 (b) の生成規則では「A → B・C」となり，「B」というものの存在が確定した状態である．そのため，図 (b) の構文木は，左の「B」のみが実線で表現されている．また下段は，それらの過程をチャートにより表現したものである．太い線は未完成である部分を表し**活性弧**，細い線は完成した部分を表し**不活性弧**とよばれる．図 (a) のチャートでは，上述したようにまだ実際には構文解析は行われていないため，「B」の前から始まり「B」の前に戻ってくる活性弧になっている．また，その活性弧には「A[B, C]」という表記があるが，これは，「生成規則の左辺 [可能性のある生成規則の右辺]」ということを示している．この場合，左辺が「A」である生成規則を使用しようとしており，解析対象である生成規則の右辺が「B C」であることを表現している．図 (b) のチャートでは，解析が進み「B」の存在が確定したため，[ ] の中から「B」が消え「C」だけになっている．さらに図 (c) のチャートでは「B C」の両方の存在が確定し，生成規則「A → B C」が利用できたため，[ ] の中は空白となり，弧も「B」の前から始まり「C」の後まで伸びる不活性弧になっている．図 (c) の構文木も完成しており，図 (c) の生成規則の表現も「A → B C・」と「・」が右端まできているため，これで解析は終了となる．

具体例で説明する．「彼が食べる」という文を以下に示す 6 個の生成規則で構文解析する場合を考える．なお，今回は 4.1.4 項で説明したトップダウン解析 + 縦型解析 + 右向き解析の組み合わせによる解析であり，解析結果は図 4.5 のようになる．

生成規則

・s　→ pp vp　①
・vp → v　②
・pp → n p　③
・n　→ 彼　④
・p　→ が　⑤
・v　→ 食べる　⑥

まず，解析のはじめは，開始記号である「s」が左辺にある生成規則の①を適用する．適用することを決めただけで実際には解析が行われていないため，図 4.5 では，「0」の位置から「0」の位置に戻る「s[pp vp]」の活性弧となる．次は「s[pp vp]」の「pp」を解析するため，生成規則の③を適用し，「pp[n p]」となる．弧は活性弧のままであり，位置も移動しない．その次は「pp[n p]」の「n」を生成規則の④で解析し，結果として終端記号である「彼」が導き出される．つまり，図

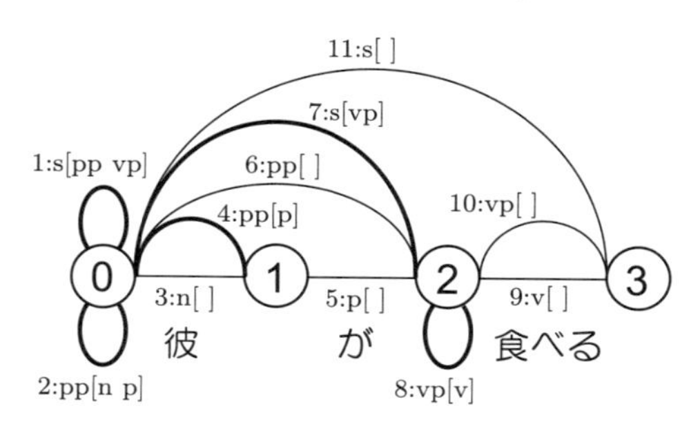

図 4.5　文「彼が食べる」をチャート法で構文解析した例

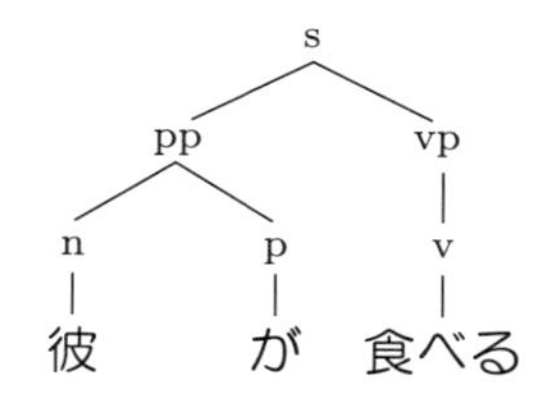

図 4.6　文「彼が食べる」のチャート法による構文解析結果

4.5 の「0」から「1」の間の解析が終わり，「n[ ]」の不活性弧となる．このように次々に解析を進めると，図 4.5 のようなチャートが求まり，結果として図 4.6 のような構文木を得ることができる．

なお，各解析のステップを以下に示す．( ) 内の数字は図 4.5 の位置を示している．

$$
\begin{array}{rll}
\mathrm{s}(0,0) & \rightarrow \cdot\ \mathrm{pp\ vp} & ① \\
\mathrm{pp}(0,0) & \rightarrow \cdot\ \mathrm{n\ p} & ② \\
\mathrm{n}(0,1) & \rightarrow \text{彼}\ \cdot & ③ \\
\mathrm{pp}(0,1) & \rightarrow \mathrm{n}(0,1)\ \cdot\ \mathrm{p} & ④ \\
\mathrm{p}(1,2) & \rightarrow \text{が}\ \cdot & ⑤ \\
\mathrm{pp}(0,2) & \rightarrow \mathrm{n}(0,1)\mathrm{p}(1,2)\ \cdot & ⑥ \\
\mathrm{s}(0,2) & \rightarrow \mathrm{pp}(0,2)\ \cdot\ \mathrm{vp} & ⑦ \\
\mathrm{vp}(2,2) & \rightarrow \cdot\ \mathrm{v} & ⑧ \\
\mathrm{v}(2,3) & \rightarrow \text{食べる}\ \cdot & ⑨ \\
\mathrm{vp}(2,3) & \rightarrow \mathrm{v}(2,3)\ \cdot & ⑩ \\
\mathrm{s}(0,3) & \rightarrow \mathrm{pp}(0,2)\mathrm{vp}(2,3)\ \cdot & ⑪
\end{array}
$$

上記のように，今回の構文解析では，11 のステップで解析することができる．もちろん，同じく 4.1.4 項で説明したボトムアップ解析 + 横型解析 + 右向き解析の組み合わせによる解析を実現することも可能である．

例題 4.1 「彼が食べる」という文を，以下に示す 6 個の生成規則で構文解析する．このとき，ボトムアップ解析 + 横型解析 + 右向き解析の組み合わせによる，チャート法を用いた解析法を示せ．

生成規則

- s → pp vp ①
- vp → v ②
- pp → n p ③
- n → 彼 ④
- p → が ⑤
- v → 食べる ⑥

例題 4.1　解答

題意に従って，ボトムアップ解析＋横型解析＋右向き解析の組み合わせによる解析を行う．ボトムアップ解析とは，与えられた単語から解析を始め，生成規則を逆に適用し開始記号まで辿り着くように解析する手法である．また，横型解析とは，構文木の同じ深さの節点をすべて解析してから次の深さの節点を解析していく手法である．これらの処理を，文頭から文末に向けて右向きで解析することになる．

まずは，チャート法の準備を行う．チャート法では，入力文中の位置を表す頂点と構文解析過程の途中の状態を表す弧からなるチャートを利用することで，構文解析を実現する．「入力文中の位置」とは，形態素の切れ目に該当する．そこで，今回の解析対象となる文「彼が食べる」の形態素の切れ目に，以下のように解析途中の位置を表すための番号を付ける．

トップダウン解析では，与えられた生成規則の左辺に開始記号である「s」を含む生成規則の適用から解析をスタートさせるが，ボトムアップ解析は，まず単語ありきで解析をスタートさせるため，解析対象となる文の先頭の単語により適用する生成規則は異なる．今回の解析対象の文は「彼が食べる」であり，先頭の単語は「彼」であるため，生成規則の右辺に「彼」を含む生成規則を適用することになる．この場合，生成規則④「n → 彼」がこれに該当する．以下の図に解析過程を示す．なお，以降，図に示すときには，左に適応した生成規則におけるステップ，右上に構文木の状態，右下にチャートの状態を示す．

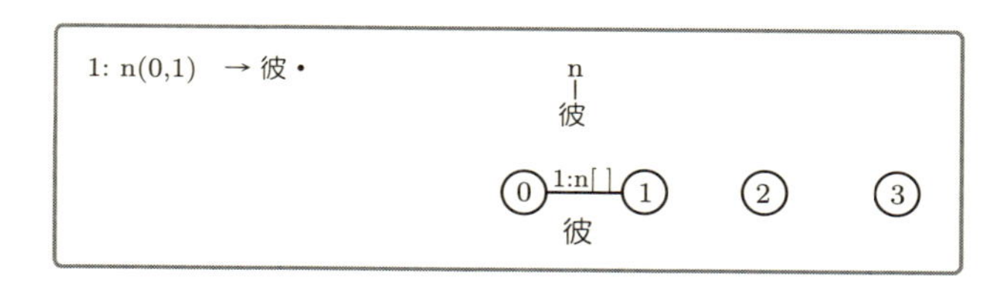

解析対象の文の先頭には単語「彼」が存在し，生成規則④「n → 彼」を適用したため，図の右下のチャートの位置「0」から位置「1」の間の解析が確定し「n[ ]」の不活性弧となる．また，図の左の生成規則のステップも「n(0, 1) → 彼・」と「彼」の解析が終了した表記となるとともに，図の右上の構文木も実線として生成される．

今回は，横型解析を行うため，構文木の同じ深さの節点をすべて解析してから，次の深さの節点に移動する必要がある．そこで次は，「彼」と同じ深さである次の単語「が」に着目する．生成規則⑤が右辺に「が」を含んでいるため，この生成規則を適用する．図の右下のチャートの位置「1」から位置「0」の間の解析が確定し「p[ ]」の不活性弧となり，図の左の生成規則のステップも「p(1, 2) → が・」と「が」の解析が終了した表記となるとともに，図の右上の構文木も実線として生成される．

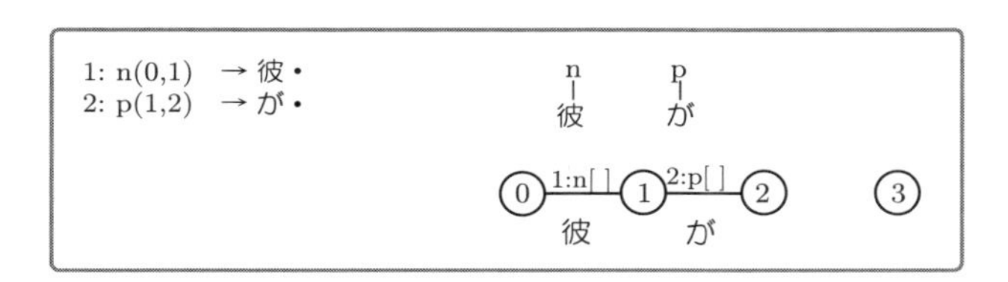

同じように，次は単語「食べる」の解析を行う．生成規則⑥を適用することで，チャートの位置「2」から位置「3」の間の解析が確定し「v[ ]」の不活性弧となり，生成規則のステップも「v(2, 3) → 食べる・」と「食べる」の解析が終了した表記となるとともに，構文木も実線として生成される．

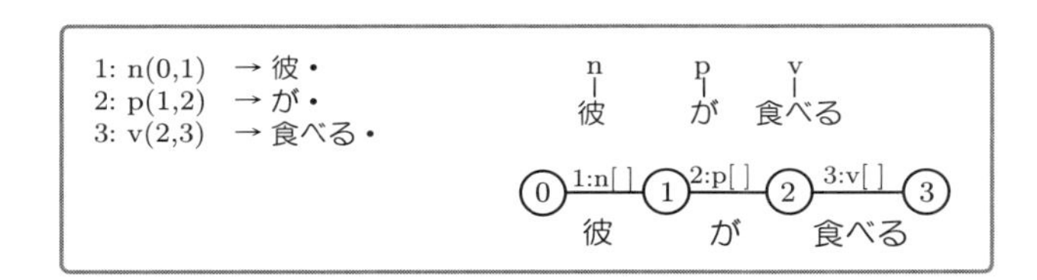

ここで，一番深い節点の解析は終了したため，次は一段上の位置の節点の解析に移る．次は，生成規則の右辺に「n」を含む生成規則を適用することになる．この場合，生成規則③「pp → n p」がこれに該当する．ただし，生成規則③「pp → n p」を適用しようとしているが，実際には解析は確定していない．そのため，図の右下のチャートは，位置「0」から位置「0」に戻る「pp[n p]」の活性弧となる．また，図の左の生成規則のステップも「pp(0, 0) →・n p」と「n p」を解析しようとしている状態を表した表記となるとともに，図の右上の構文木でも仮の生成を表す点線を用いる．

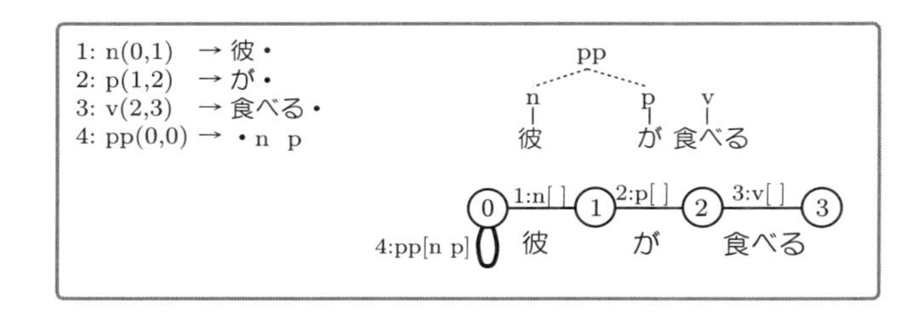

続いては，解析の確定を目指し，「pp」の中身である「n p」の解析を行う．位置「0」から位置「1」の間は「n」であるため，適用しようとした生成規則③「pp → n p」の

「n」は確定される．そのため，図の右下のチャートの位置「0」から位置「1」の間の解析が確定し「[ ]」の中から「n」が抜けて「pp[p]」の活性弧となる．また，図の左の生成規則のステップも「pp(0,1) → n(0,1)・p」と「・」の位置が「n」と「p」の間に移動し，「n」の解析の確定を示すとともに，図の右上の構文木も「pp」と「n」の間が実線として生成される．

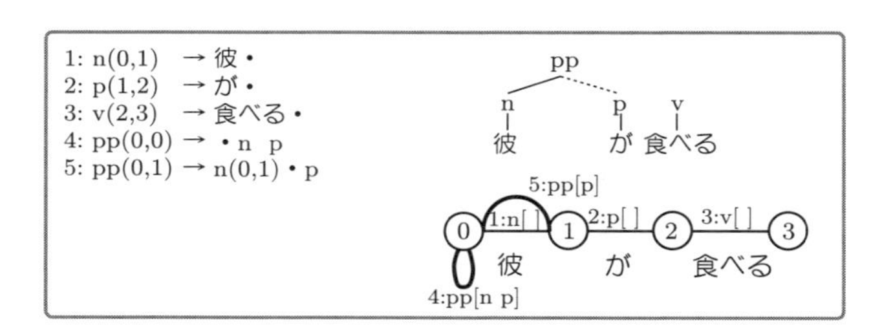

次は残りの「p」の解析の確定である．位置「1」から位置「2」の間は「p」であるため，適用しようとした生成規則③「pp → n p」は確定される．そのため，図の右下のチャートの位置「0」から位置「2」の間の解析が確定し「pp[ ]」の不活性弧となる．また，図の左の生成規則のステップも「pp(0, 2) → n(0,1) p(1,2)・」と「・」の位置が「n p」の後ろに移動し，解析の確定を示すとともに，図の右上の構文木も「pp」と「p」の間が実線として生成されて確定する．

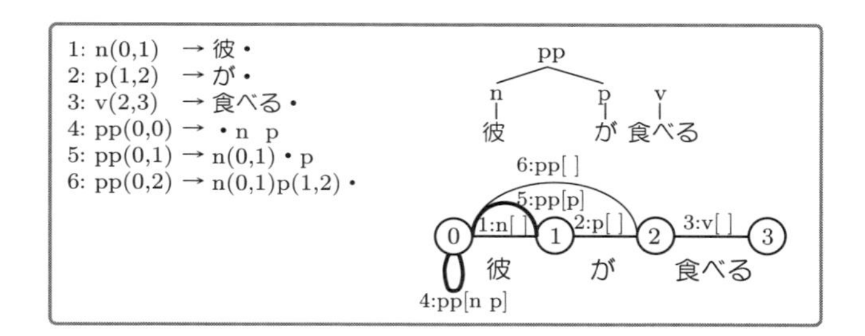

以降，同じように繰り返し，最終的に生成規則①の「s → pp vp」の解析の終了が確定すれば，構文解析が成功となり，処理は終了となる．以下に，残りの 5 ステップについて，それぞれ順に図に示す．

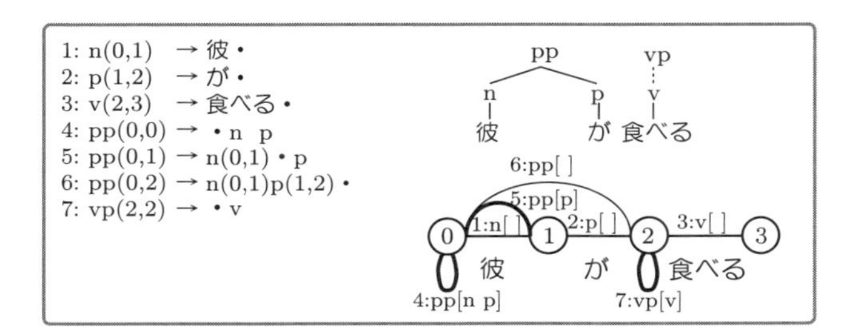
1: n(0,1) → 彼・
2: p(1,2) → が・
3: v(2,3) → 食べる・
4: pp(0,0) → ・n p
5: pp(0,1) → n(0,1)・p
6: pp(0,2) → n(0,1)p(1,2)・
7: vp(2,2) → ・v
pp
vp
n
p
v
彼
が
食べる
6:pp[ ]
5:pp[p]
1:n[ ]
2:p[ ]
3:v[ ]
0
1
2
3
4:pp[n p]
7:vp[v]

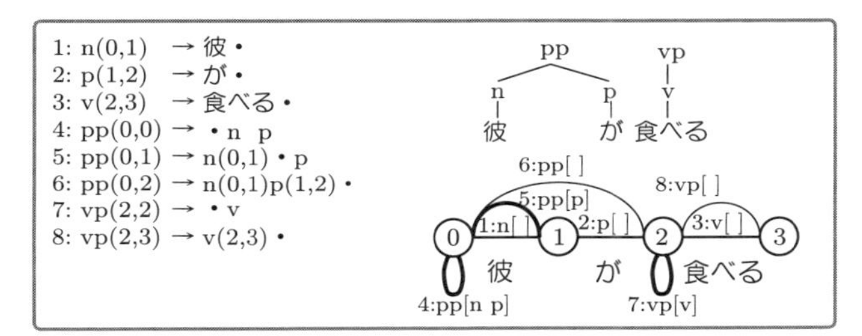
1: n(0,1) → 彼・
2: p(1,2) → が・
3: v(2,3) → 食べる・
4: pp(0,0) → ・n p
5: pp(0,1) → n(0,1)・p
6: pp(0,2) → n(0,1)p(1,2)・
7: vp(2,2) → ・v
8: vp(2,3) → v(2,3)・
pp
vp
n
p
v
彼
が
食べる
6:pp[ ]
8:vp[ ]
5:pp[p]
1:n[ ]
2:p[ ]
3:v[ ]
0
1
2
3
4:pp[n p]
7:vp[v]

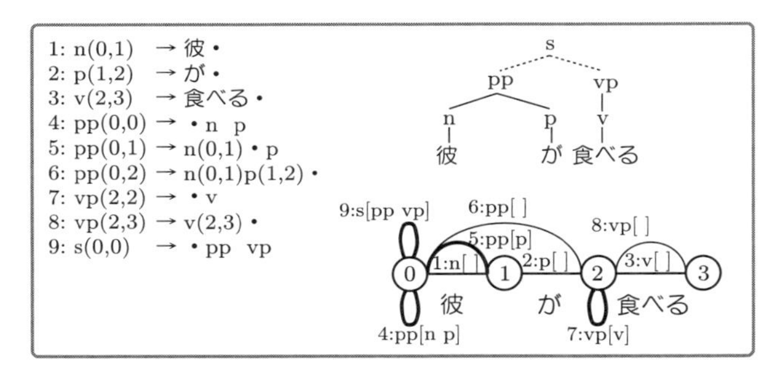
1: n(0,1) → 彼・
2: p(1,2) → が・
3: v(2,3) → 食べる・
4: pp(0,0) → ・n p
5: pp(0,1) → n(0,1)・p
6: pp(0,2) → n(0,1)p(1,2)・
7: vp(2,2) → ・v
8: vp(2,3) → v(2,3)・
9: s(0,0) → ・pp vp
s
pp
vp
n
p
v
彼
が
食べる
9:s[pp vp]
6:pp[ ]
8:vp[ ]
5:pp[p]
1:n[ ]
2:p[ ]
3:v[ ]
0
1
2
3
4:pp[n p]
7:vp[v]

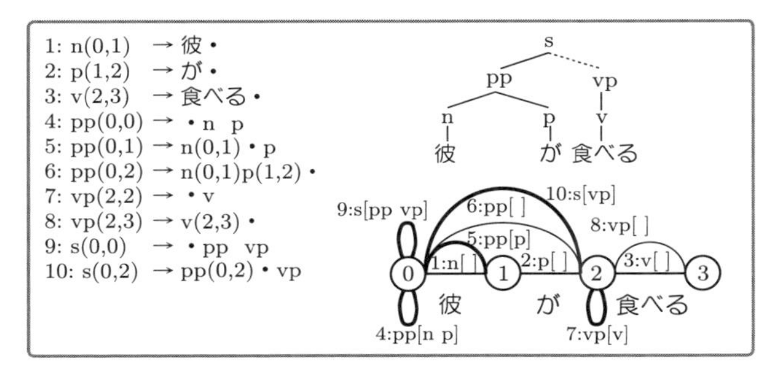
1: n(0,1) → 彼・
2: p(1,2) → が・
3: v(2,3) → 食べる・
4: pp(0,0) → ・n p
5: pp(0,1) → n(0,1)・p
6: pp(0,2) → n(0,1)p(1,2)・
7: vp(2,2) → ・v
8: vp(2,3) → v(2,3)・
9: s(0,0) → ・pp vp
10: s(0,2) → pp(0,2)・vp
s
pp
vp
n
p
v
彼
が
食べる
10:s[vp]
9:s[pp vp]
6:pp[ ]
8:vp[ ]
5:pp[p]
1:n[ ]
2:p[ ]
3:v[ ]
0
1
2
3
4:pp[n p]
7:vp[v]

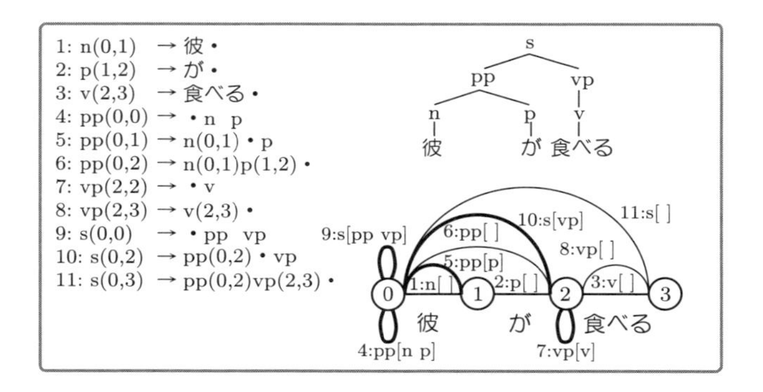

なお，今回の解析対象の文「彼が食べる」の構文解析の結果の構文木は，図 4.6 で示したものと同じものとなった．これはあくまで偶然であり，構文解析の手法の組み合わせ方により，結果が異なる場合もある．

4.3 CYK 法

前節で紹介したチャート法以外にも，いくつかの構文解析の手法がある．4.1 節にてコンピュータと相性の良い文法である文脈自由文法を紹介したが，それを対象とした構文解析法として **CYK 法**（CYK は 3 名の発案者 Cocke-Younger-Kasami の頭文字）がある．CYK 法では，入力文中の終端記号の任意の部分列を導出する非終端記号を求める作業を，短い部分列から順に行うことで実現している．

具体例として，「急いで食べる彼を見た」という文を，以下に示す 13 個の生成規則で構文解析する場合を考える．

生成規則

・s	→ pp v	①	・adv	→ 急いで	⑨
・s	→ adv vp	②	・n	→ 彼	⑩
・vp	→ pp v	③	・p	→ を	⑪
・vp	→ adv v	④	・v	→ 食べる	⑫
・np	→ vp n	⑤	・v	→ 見た	⑬
・np	→ v n	⑥			
・pp	→ np p	⑦			
・pp	→ n p	⑧			

まず，縦方向にも横方向にも同じように解析対象となる文の形態素を並べて書き，図 4.7 のような階段状の表をつくる．

	急いで	食べる	彼	を	見た
急いで	1-1	2-1	3-1	4-1	5-1
食べる		1-2	2-2	3-2	4-2
彼			1-3	2-3	3-3
を				1-4	2-4
見た					1-5

図 4.7 CYK 法の準備

解析は，図中の数字の順番に行い，各セルに該当する生成規則を順々に適用していく．1-1 は縦横ともに「急いで」であるため，「急いで」を右辺にもつ生成規則が当てはまる．つまり，生成規則⑨をこのセルに挿入する．1-2 には「食べる」，1-3 には「彼」，1-4 には「を」，1-5 には「見た」が当てはまるため，それぞれ生成規則⑫，⑩，⑪，⑬を挿入する．続いて 2-1 は，「急いで」+「食べる」であるため，1-1 の「adv → 急いで」と 1-2 の「v → 食べる」の組み合わせである「adv v」を右辺にもつ生成規則④を挿入する．この際，何行何列目の生成規則どうしを組み合わせたかを明示するために，「vp → adv(1,1)v(2,2)」というように，( ) の中に適用した生成規則が挿入されている行番号と列番号を記載する．なお，適用できる生成規則がない場合は空欄とする．このように，最後の 5-1 まで解析を行うと図 4.8 のようになる．

この場合，5-1 には 3 種類の生成規則が記載されている．このうち，「vp → pp(1,4)v(5,5)」の生成規則の左辺は「s」でないため，構文解析結果としてはふさわしくない．つまり，今回の構文解析結果は「s → pp(1,4)v(5,5)」と「s → adv(1,1) vp(2,5)」の二つとなる．図 4.9 にそれぞれの構文木を示す．

	急いで	食べる	彼	を	見た
急いで	adv → 急いで	vp → adv(1,1)v(2,2)	np →vp(1,2)n(3,3)	pp →np(1,3)p(4,4)	vp → pp(1,4)v(5,5) s → pp(1,4)v(5,5) s → adv(1,1)vp(2,5)
食べる		v → 食べる	np →v(2,2)n(3,3)	pp → np(2,3)p(4,4)	vp → pp(2,4)v(5,5) s → pp(2,4)v(5,5)
彼			n → 彼	pp → n(3,3)p(4,4)	vp → pp(3,4)v(5,5) s → pp(3,4)v(5,5)
を				p → を	
見た					v → 見た

図 4.8　文「急いで食べる彼を見た」を CYK 法で構文解析した例

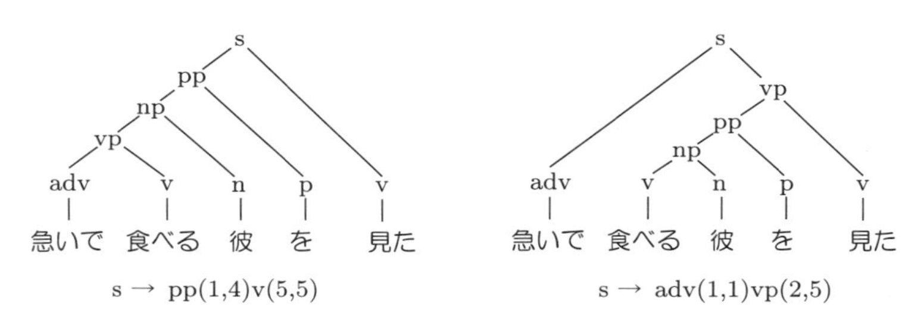

図 4.9　文「急いで食べる彼を見た」の CYK 法による構文解析結果

「彼は家で飛んでいる鳥を見た」という文を，以下に示す 14 個の生成規則で構文解析する．このとき，CYK 法により解法し，構文解析結果を構文木で示せ．

生成規則

・s → pp vp	①	・v → 見た	⑦
・vp → pp v	②	・v → 飛んでいる	⑧
・pp → vp pp	③	・n → 彼	⑨
・pp → pp pp	④	・n → 家	⑩
・pp → n p	⑤	・n → 鳥	⑪
・pp → v pp	⑥	・p → は	⑫
		・p → で	⑬
		・p → を	⑭

例題 4.2 解答

まずは，図 4.7 のような階段状の表をつくり，CYK 法の準備をする．今回の解析対象の文は「彼は家で飛んでいる鳥を見た」であり，形態素数は 8 個であるため，縦横 8 個で構成する以下のような階段状の表をつくる．

	彼	は	家	で	飛んでいる	鳥	を	見た
彼								
は								
家								
で								
飛んでいる								
鳥								
を								
見た								

ここから構文解析を始める．CYK 法では，階段状の表の左下側から右上側に向かって斜め方向に表を埋める形で解析を進めていく．そこで，まず解析すべき表のセルは，以下の色付けしたセルになる．

	彼	は	家	で	飛んでいる	鳥	を	見た
彼								
は								
家								
で								
飛んでいる								
鳥								
を								
見た								

各セルに埋めるべき情報は，該当する生成規則である．たとえば，左上のセルは，縦

横ともに「彼」であるため,「彼」を右辺にもつ生成規則「n → 彼」をそのセルに挿入することになる. 同じように, 色付けしたすべてのセルに該当する生成規則を挿入すると以下のようになる.

	彼	は	家	で	飛んでいる	鳥	を	見た
彼	n→彼							
は		p→は						
家			n→家					
で				p→で				
飛んでいる					v →飛んでいる			
鳥						n→鳥		
を							p→を	
見た								v→見た

次に解析すべき表のセルは, 次の図の色付けしたセルのように, いま解析した各セルの隣の各セルである. 左下側から右上側に斜め方向に解析が進んでいることがわかる.

	彼	は	家	で	飛んでいる	鳥	を	見た
彼	n→彼							
は		p→は						
家			n→家					
で				p→で				
飛んでいる					v →飛んでいる			
鳥						n→鳥		
を							p→を	
見た								v→見た

色付けしたセルの一番上のセルは,「彼」と「は」が交わるところである. ここで, 先の解析段階において,「彼」と「は」はそれぞれ「n → 彼」と「p → は」であると解析されている. そのため,「n p」を右辺にもつ生成規則をこのセルに挿入する. この際, 何行

何列目に挿入されていた生成規則を利用したのかを明示するため，「n(1,1)」や「p(2,2)」のように，( ) の中に「行番号，列番号」を記す．

	彼	は	家	で	飛んでいる	鳥	を	見た
彼	n→彼	pp→ n(1,1)p(2,2)						
は		p→は						
家			n→家					
で				p→で				
飛んでいる					v →飛んでいる			
鳥						n→鳥		
を							p→を	
見た								v→見た

次に解析するセルは「は」と「家」が交わるところであり，それぞれ「p → は」，「n → 家」であるため，「p n」を右辺にもつ生成規則を挿入することになる．しかし，「p n」を右辺にもつ生成規則が存在しないため，空欄となる．なお，以降の図では，便宜上，空欄の部分には「×」印を書くこととする．

	彼	は	家	で	飛んでいる	鳥	を	見た
彼	n→彼	pp→ n(1,1)p(2,2)						
は		p→は	×					
家			n→家					
で				p→で				
飛んでいる					v →飛んでいる			
鳥						n→鳥		
を							p→を	
見た								v→見た

同じように，色付けしたすべてのセルに該当する生成規則を挿入すると以下のようになる．

	彼	は	家	で	飛んでいる	鳥	を	見た
彼	n→彼	pp→ n(1,1)p(2,2)						
は		p→は	×					
家			n→家	pp→ n(3,3)p(4,4)				
で				p→で	×			
飛んでいる					v →飛んでいる	×		
鳥						n→鳥	pp→ n(6,6)p(7,7)	
を							p→を	×
見た								v→見た

このように，解析を進めていくことで構文解析が実現されるが，次の解析段階から組み合わせの可能性が増えるため，少し解析がややこしくなってくる．次に解析すべき表のセルは，以下の色付けしたセルになる．

	彼	は	家	で	飛んでいる	鳥	を	見た
彼	n→彼	pp→ n(1,1)p(2,2)						
は		p→は	×					
家			n→家	pp→ n(3,3)p(4,4)				
で				p→で	×			
飛んでいる					v →飛んでいる	×		
鳥						n→鳥	pp→ n(6,6)p(7,7)	
を							p→を	×
見た								v→見た

色付けしたセルの一番上のセルは1行3列目になるが，このセルには複数の組み合わせがある．以下の図で色分けして示したように，このセルは「彼」と「は 家」が交わるところでもあり，また，「彼 は」と「家」が交わるところでもある．

	彼	は	家	で	飛んでいる	鳥	を	見た
彼	n→彼	pp→ n(1,1)p(2,2)						
は		p→は	×					
家			n→家	pp→ n(3,3)p(4,4)				
で				p→で	×			
飛んでいる					v →飛んでいる	×		
鳥						n→鳥	pp→ n(6,6)p(7,7)	
を							p→を	×
見た								v→見た

このように，この解析段階以降は，複数の組み合わせの可能性を考えながら解析を進めていく必要がある．同じように，色付けしたすべてのセルに該当する生成規則を挿入すると以下のようになる．

	彼	は	家	で	飛んでいる	鳥	を	見た
彼	n→彼	pp→ n(1,1)p(2,2)	×					
は		p→は	×	×				
家			n→家	pp→ n(3,3)p(4,4)	vp→ pp(3,4)v(5,5)			
で				p→で	×	×		
飛んでいる					v →飛んでいる	×	pp→v(5,5)pp(6,7)	
鳥						n→鳥	pp→n(6,6)p(7,7)	vp→pp(6,7)v(8,8)
を							p→を	×
見た								v→見た

以降の各解析段階を以下に図で示していく．

	彼	は	家	で	飛んでいる	鳥	を	見た
彼	n→彼	pp→ n(1,1)p(2,2)	×	pp→ pp(1,2)pp(3,4)				
は		p→は	×	×	×			
家			n→家	pp→ n(3,3)p(4,4)	vp→ pp(3,4)v(5,5)	×		
で				p→で	×	×	×	
飛んでいる					v →飛んでいる	×	pp→v(5,5)pp(6,7)	vp→pp(5,7)v(8,8)
鳥						n→鳥	pp→n(6,6)p(7,7)	vp→pp(6,7)v(8,8)
を							p→を	×
見た								v→見た

	彼	は	家	で	飛んでいる	鳥	を	見た
彼	n→彼	pp→ n(1,1)p(2,2)	×	pp→ pp(1,2)pp(3,4)	vp→ pp(1,4)v(5,5) s→ pp(1,2)vp(3,5)			
は		p→は	×	×	×	×		
家			n→家	pp→ n(3,3)p(4,4)	vp→ pp(3,4)v(5,5)	×	pp①→pp(3,4)pp(5,7) pp②→vp(3,5)pp(6,7)	
で				p→で	×	×	×	×
飛んでいる					v →飛んでいる	×	pp→v(5,5)pp(6,7)	vp→pp(5,7)v(8,8)
鳥						n→鳥	pp→n(6,6)p(7,7)	vp→pp(6,7)v(8,8)
を							p→を	×
見た								v→見た

ここで，3 行 7 列目のセルには 2 種類の生成規則が挿入されている．これは，図に色付けしたように，該当する組み合わせの可能性が複数あるためである．なお，今回の場合，2 種類の生成規則とも左辺が「pp」となっているため，これ以降の解析過程で判別ができるように，肩に丸囲みの数字を付与して区別している．

	彼	は	家	で	飛んでいる	鳥	を	見た
彼	n→彼	pp→ n(1,1)p(2,2)	×	pp→ pp(1,2)pp(3,4)	vp→ pp(1,4)v(5,5) s→ pp(1,2)vp(3,5)	×		
は		p→は	×	×	×	×	×	
家			n→家	pp→ n(3,3)p(4,4)	vp→ pp(3,4)v(5,5)	×	pp①→pp(3,4)pp(5,7) pp②→vp(3,5)pp(6,7)	s→pp(3,4)vp(5,8) vp①→pp①(3,7)v(8,8) vp②→pp②(3,7)v(8,8)
で				p→で	×	×	×	×
飛んでいる					v →飛んでいる	×	pp→v(5,5)pp(6,7)	vp→pp(5,7)v(8,8)
鳥						n→鳥	pp→n(6,6)p(7,7)	vp→pp(6,7)v(8,8)
を							p→を	×
見た								v→見た

3行8列目のセルには3種類の生成規則が挿入されており，その一つの生成規則の左辺は「s」となっている．これは，文のはじめであり，この時点で文が完成したことを意味している．つまり，「家で飛んでいる鳥を見た」という文として完結したという解析結果に当たる．しかし，今回の解析対象の文はあくまで「彼は家で飛んでいる鳥を見た」であるため，この生成規則はこれ以降の解析過程では使用することはない．

	彼	は	家	で	飛んでいる	鳥	を	見た
彼	n→彼	pp→ n(1,1)p(2,2)	×	pp→ pp(1,2)pp(3,4)	vp→ pp(1,4)v(5,5) s→ pp(1,2)vp(3,5)	×	pp①→pp(1,2)pp①(3,7) pp②→pp(1,2)pp②(3,7) pp③→vp(1,5)pp(6,7) pp④→pp(1,4)pp(5,7)	
は		p→は	×	×	×	×	×	×
家			n→家	pp→ n(3,3)p(4,4)	vp→ pp(3,4)v(5,5)	×	pp①→pp(3,4)pp(5,7) pp②→vp(3,5)pp(6,7)	s→pp(3,4)vp(5,8) vp①→pp①(3,7)v(8,8) vp②→pp②(3,7)v(8,8)
で				p→で	×	×	×	×
飛んでいる					v →飛んでいる	×	pp→v(5,5)pp(6,7)	vp→pp(5,7)v(8,8)
鳥						n→鳥	pp→n(6,6)p(7,7)	vp→pp(6,7)v(8,8)
を							p→を	×
見た								v→見た

	彼	は	家	で	飛んでいる	鳥	を	見た
彼	n→彼	pp→ n(1,1)p(2,2)	×	pp→ pp(1,2)pp(3,4)	vp→ pp(1,4)v(5,5) s→ pp(1,2)vp(3,5)	×	pp①→pp(1,2)pp①(3,7) pp②→pp(1,2)pp②(3,7) pp③→vp(1,5)pp(6,7) pp④→pp(1,4)pp(5,7)	s①→pp(1,2)vp①(3,8) s②→pp(1,2)vp②(3,8) s③→pp(1,4)vp(5,8) vp→pp①(1,7)v(8,8) vp→pp②(1,7)v(8,8) vp→pp③(1,7)v(8,8) vp→pp④(1,7)v(8,8)
は		p→は	×	×	×	×	×	×
家			n→家	pp→ n(3,3)p(4,4)	vp→ pp(3,4)v(5,5)	×	pp①→pp(3,4)pp(5,7) pp②→vp(3,5)pp(6,7)	s→pp(3,4)vp(5,8) vp①→pp①(3,7)v(8,8) vp②→pp②(3,7)v(8,8)
で				p→で	×	×	×	×
飛んでいる					v →飛んでいる	×	pp→v(5,5)pp(6,7)	vp→pp(5,7)v(8,8)
鳥						n→鳥	pp→n(6,6)p(7,7)	vp→pp(6,7)v(8,8)
を							p→を	×
見た								v→見た

一番右上の 1 行 8 列目のセルが埋まったこの段階で，解析は終了となる．このセルの中の，左辺が「s」である生成規則が構文解析の結果となる．今回の解析の場合，1 行 8 列目のセルには 7 種類の生成規則が挿入されているが，生成規則の左辺が「s」ではなく「vp」である 4 種類の生成規則は解ではないため，最終的な解は「s① → pp(1,2)vp①(3,8)」，「s② → pp(1,2)vp②(3,8)」，「s③ → pp(1,4)vp(5,8)」の 3 種類ということになる．また，最終的な解にいたる過程を辿ることで構文解析の結果を構文木で表現することができる．具体的には，セルに生成規則を挿入する処理が構文木の節点に該当する．

以下に，今回の構文解析の 3 種類の結果を構文木で表現する．なお，今回の解析対象の文「彼は家で飛んでいる鳥を見た」は，1.2 節の自然言語処理の面白さと難しさの説明の中で，多義性についての例として使用したものである．そのときの解釈の図も合わせて示すことにする．

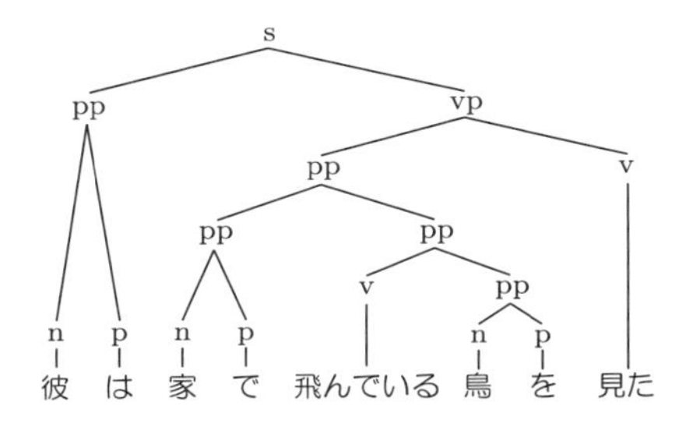

「s① → pp(1,2)vp①(3,8)」の構文木とその解釈のイメージ図
（1.2 節の解釈 2：「彼が家に帰ると，家の中を飛び回っている鳥がいた」）

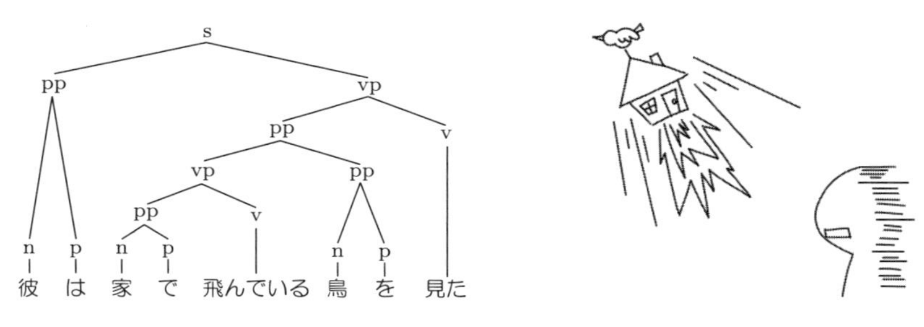

「s② → pp(1,2)vp②(3,8)」の構文木とその解釈のイメージ図
（1.2 節の解釈 3：「家という道具を使って飛んでいる不思議な鳥を彼は見た」）

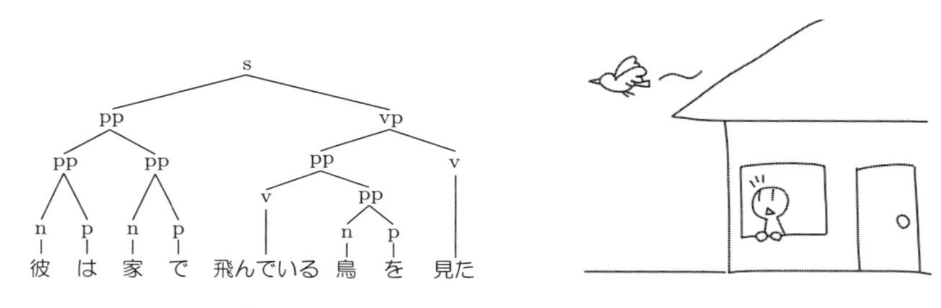

「s③ → pp(1,4)vp(5,8)」の構文木とその解釈のイメージ図
（1.2 節の解釈 1：「彼は家にいて，外を見ると，そこには飛んでいる鳥がいた」）

4.4　確率文脈自由文法による構文解析

4.3 節で述べたように，CYK 法で構文解析を行うと，複数の構文解析結果が得られる場合がある．これは，4.1.1 項で説明したように，CYK 法を含むボトムアップ解析の特徴である．そこで，複数の解の中からよりもっとも（尤も）らしい解を選択する手法を紹介する．これが**確率文脈自由文法**による構文解析である．確率文脈自由文法では，すべての生成規則にもっともらしさを表す数値（**尤度**）を付与し，その数値の高い生成規則から優先して使用することでよりもっともらしい解を導き出す．一般的に尤度は確率で求められ，ある非終端記号を左辺にもつ生成規則に付与した確率の合計が「1」になるように正規化される．

4.3 節の具体例で用いた「急いで食べる彼を見た」という文に対して，尤度を付与した以下の 13 個の生成規則で構文解析する例を示す．

生成規則

- s → pp v　0.7　①
- s → adv vp　0.3　②
- vp → pp v　0.6　③
- vp → adv v　0.4　④
- np → vp n　0.7　⑤
- np → v n　0.3　⑥
- pp → np p　0.6　⑦
- pp → n p　0.4　⑧
- adv → 急いで　1.0　⑨
- n → 彼　1.0　⑩
- p → を　1.0　⑪
- v → 食べる　0.3　⑫
- v → 見た　0.7　⑬

①と②の生成規則の左辺はともに「s」であり，それぞれの尤度は「0.7」と「0.3」である．ここから，前述したように非終端記号「s」を左辺にもつ生成規則に付与した尤度の合計が「1」となっていることがわかる．

基本的な解法手順は 4.3 節で説明した CYK 法と同じである．違いは，生成規則に付与された尤度の計算が追加される点にある．たとえば，**2-1** は「vp → adv(1,1)v(2,2)」となり，生成規則④「vp → adv v」を **1-1** の「adv → 急いで」と **2-2** の「v → 食べる」の生成規則により構成する．ここで，尤度は使用した生成規則に付与されている尤度を積算して算出される．つまり，生成規則「vp → adv v」と「adv → 急いで」，「v → 食べる」それぞれの尤度「0.4」と「1.0」，「0.3」の積算結果「0.12」が「vp → adv(1,1)v(2,2)」の尤度となる．このようにして最後の **5-1** まで解析を行うと，図 4.10 のようになる．

この場合も図 4.8 と同様に，**5-1** には 3 種類の生成規則が記載されているが，

	急いで	食べる	彼	を	見た
急いで	adv→急いで 1.0	vp→adv(1,1)v(2,2) 0.12	np→vp(1,2)n(3,3) 0.084	pp→np(1,3)p(4,4) 0.050	vp→ pp(1,4)v(5,5) 0.022 s→pp(1,4)v(5,5) 0.025 s→ adv(1,1)vp(2,5) 0.007
食べる		v → 食べる 0.3	np→v(2,2)n(3,3) 0.09	pp→np(2,3)p(4,4) 0.054	vp→ pp(2,4)v(5,5) 0.023 s→pp(2,4)v(5,5) 0.026
彼			n → 彼 1.0	pp→n(3,3)p(4,4) 0.4	vp→ pp(3,4)v(5,5) 0.168 s→ pp(3,4)v(5,5) 0.196
を				p → を 1.0	
見た					v → 見た 0.7

図 4.10　文「急いで食べる彼を見た」を確率文脈自由文法で構文解析した例

このうち「vp → pp(1,4)v(5,5)」の生成規則の左辺は「s」でないため，構文解析結果としてはふさわしくない．つまり，構文解析結果となりえる解は「s → pp(1,4)v(5,5)」と「s → adv(1,1)vp(2,5)」の二つであり，そのうちより尤度の高い「s → pp(1,4)v(5,5)」が最終結果となる．図 4.11 にそれぞれの構文木を示す．

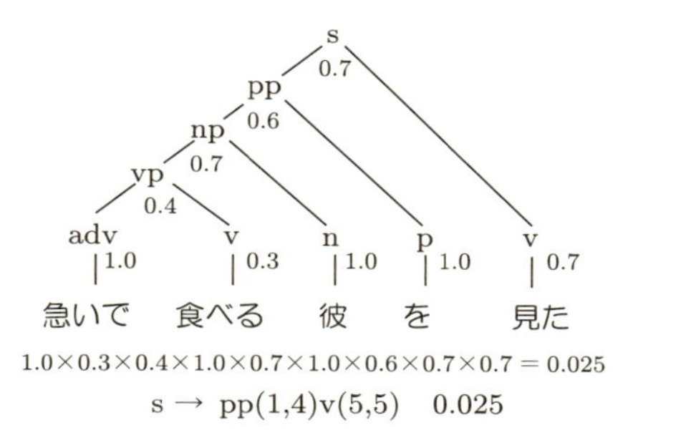

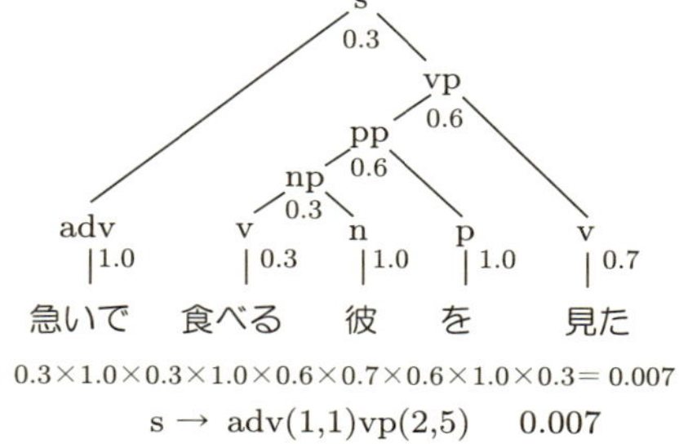

図 4.11　文「急いで食べる彼を見た」の確率文脈自由文法による構文解析結果

4.5　LR アルゴリズム

チャート法や CYK 法以外にも，構文解析を非常に効率よく行う手法として **LR アルゴリズム**がある．LR アルゴリズムでは，生成規則を**オートマトン**に変換することで構文解析を実現している．オートマトンとは，ある状態から次の状態に遷移する過程をモデル化したものであり，**状態遷移図**によって表現される．LR アルゴリズムで扱うことができる文法は，ボトムアップ解析において，入力文中の単語を k 個先まで見ることで次に適用すべき生成規則を一意に決めることができる一部の文脈自由文法に限られる．この文法を **LR 文法**とよぶ．なお，LR アルゴリズムを拡張し，この制約を回避できる**一般化 LR アルゴリズム**というものも提案されている．本節では，説明を簡素化するために LR アルゴリズムについて説明する．

図 4.12 に LR アルゴリズムの構成を示す．LR アルゴリズムで要になるのがオートマトンであり，LR アルゴリズムで使用する生成規則から作成される．このオートマトンは通常，図 4.13 のように方向をもった**グラフ**（図）で表現される．グラフは人間が使用するには非常に理解しやすいものであるが，コンピュータでグラフ（図）を直接扱うことは難しいため，実際には，グラフを表形式に変換した表現が用いられる．図 4.12 の **LR 構文解析表**が，この表形式化されたオートマ

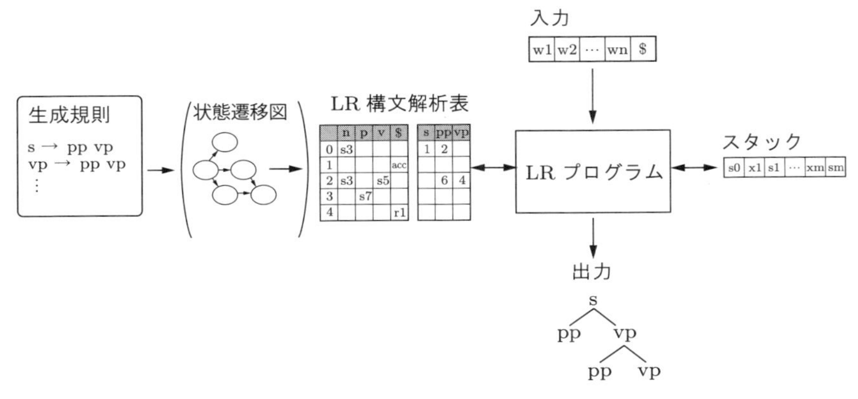

図 4.12 LR アルゴリズムの構成図

トンに当たる．LR 構文解析表を用いて入力文を解析する過程では，**スタック**という記憶領域に保存され，スタックから情報を読み出すタイミングで構文木が作成される．

コラム　スタックとキュー

「スタック」とは，後に入れたものを先に取り出す方式のデータ構造のことで，このような方式を **LIFO** (Last In First Out) 構造とよぶ．また，それと対の関係として「**キュー**」というものがあり，これは先に入れたものを先に取り出す **FIFO** (First In First Out) 構造である．イメージとしては，スタックは新聞受けのようなものであり，先週の新聞を取り出すためには，今日の新聞，昨日の新聞と順々にいちいち取り出していく必要がある．一方，キューはところてんのように突き出すイメージである．これはビリヤードで使用する球を突く棒のこともキューとよぶことからも連想しやすいだろう．

4.5.1 生成規則からの状態遷移図作成方法

先に説明したように，状態遷移図は生成規則からつくり出すことができる．この状態遷移図により，いまはどの単語に着目しているのか，次はどの生成規則を利用するのかなど，時々刻々と変化する構文解析の状況を静的に表現することができる．具体例として，次に示す 9 個の生成規則の場合を考える．

生成規則

・s　→ pp vp	①	・n → 彼	⑤
・vp → pp vp	②	・n → 果物	⑥
・vp → v	③	・p → が	⑦
・pp → n p	④	・p → を	⑧
		・v → 食べる	⑨

このとき，作成される状態遷移図は図 4.13 のようになる．矢印が状態の遷移，円で囲まれたものが状態，そこに付与されている数字は状態を識別するための番号を示している．

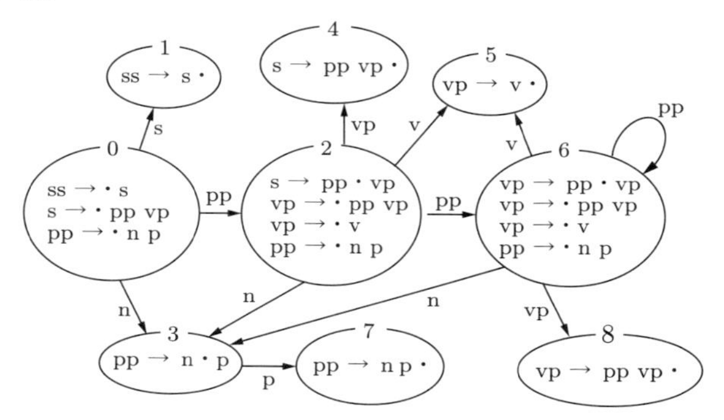

図 4.13　生成規則から作成される状態遷移図

まず，状態 0 の開始状態を考える．生成規則の①からスタートするため，状態 0 に生成規則①が入る．ここで，「s →・pp vp」のように生成規則の中に挿入されている「・」は，4.2 節のチャート法と同様に，現在構文解析を行っている位置を示している．つまりこの場合，「・pp」は「pp」を解析しようとしていることを表している．

ここで，「pp」をより詳しく見るために，「pp」を左辺にもつ生成規則を調べる．すると，生成規則④に「pp → n p」というものがある．つまり，「pp」は「n p」で構成されるはずであり，「pp」を解析しようとすることはすなわち「n」を解析しようとすることに等しいといえる．そこで，状態 0 に生成規則④「pp →・n p」が入る．

逆に右辺に pp をもつ「s →・pp vp」を考えると，「pp」を解析しようとしていることはすなわち「s」を解析しようとしていることに等しく，「・s」を左辺にもつ生成規則も状態 0 に入れたい．しかし，このような生成規則はないため，便宜上「ss」という新しい記号を定義し「ss → ・s」として状態 0 に入れることにする．

なお，「・n」については，生成規則⑤「n → 彼」，⑥「n → 果物」としてこれまでと同様に処理すべきであるように思われる．しかし，状態遷移図は状態の遷移状況を表したグラフであるため，非終端記号だけで構成される．そのため，終端記号である「彼」や「果物」は状態遷移図の中には表れないので注意が必要である．

次に状態 0 からの遷移を考える．状態 0 の次の状態とは「ss → s・」,「s → pp・vp」,「pp → n・p」の 3 種類である．つまり，解析しようとしていた「s」,「pp」,「n」が見つかり，解析が進んだ状態である．ここではそれぞれを状態 1，2，3 とする．ここで，状態 0 から状態 1，2，3 への遷移を表現するために，状態 0 と各状態とを矢印で結び，解析で見つかった要素，つまり，状態の遷移に必要な非終端記号をその矢印に付与する．

この処理をすべてに対して行うことで，図 4.13 の状態遷移図を作成することができる．とくに，この状態遷移図のことを **goto グラフ**とよぶことがある．なお，「ss → s・」のように，生成規則の最後に「・」がきた場合は，これ以上解析を進めることができないため，この状態で行き止まりとなる．

「彼が食べる」という文を以下に示す 6 個の生成規則で構文解析する．このとき，LR アルゴリズムにおける状態遷移図を作成せよ．

生成規則

・s → pp vp	①	・n → 彼	④
・vp → v	②	・p → が	⑤
・pp → n p	③	・v → 食べる	⑥

例題 4.3　解答

状態遷移図とは，ある状態から次の状態に遷移する過程を図 4.13 のように方向をもったグラフ（図）で表現した図である．

まず，状態 0 の開始状態を考える．生成規則①からスタートするため，状態 0 に生成規則①が入る．このとき，「s →・pp vp」のように生成規則の中に「・」を挿入する．これは，4.2 節のチャート法と同様に現在構文解析を行っている位置を示す．つまりこの場合，「・pp」は「pp」を解析しようとしていることを表している．

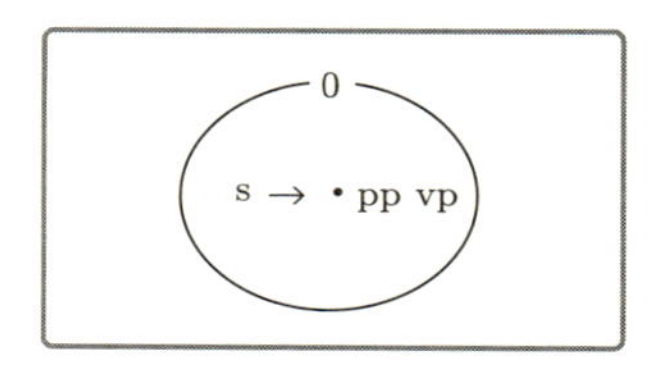

ここで，「pp」をより詳しく見るために，「pp」を左辺にもつ生成規則を調べる．すると， 生成規則③に「pp → n p」というものがある．つまり，「pp」は「n p」で構成されるはずであり，「pp」を解析しようとすることはすなわち「n」を解析しようとすることに等しいといえる．そこで，状態 0 に生成規則③「pp →・n p」が入る．

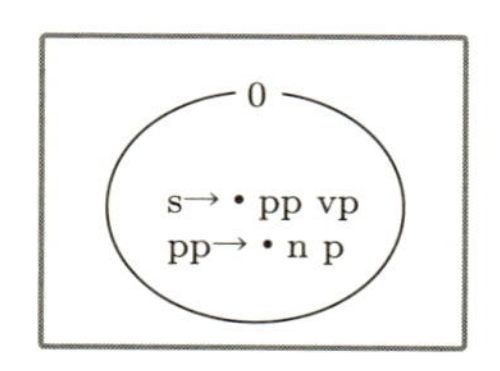

逆に「s →・pp vp」のことを考えると，「pp」を解析しようとしていることは，すなわち「s」を解析しようとしていることに等しく，「・s」を左辺にもつ生成規則も状態 0 に入れたい．しかし，このような生成規則はないため，便宜上「ss」という新しい記号を定義し「ss →・s」として状態 0 に入れる．

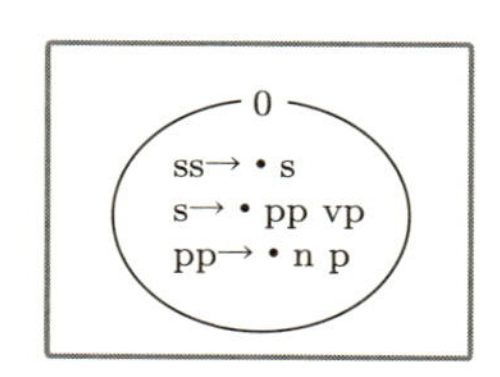

なお，「・n」については，生成規則④「n → 彼」としてこれまでと同様に処理すべきであるように思われる．しかし，状態遷移図は状態の遷移状況を表したグラフであるた

め，非終端記号だけで構成される．そのため，終端記号である「彼」が状態遷移図の中に表れることはない．

次に状態 0 からの遷移を考える．まず，状態 0 の次の状態として「ss → s・」を見てみると，解析しようとしていた「s」が見つかり，よってこれは解析が終わった状態である．この状態を 1 とする．状態 0 から状態 1 への遷移を表現するために，状態 0 と状態 1 とを矢印で結び，解析で見つかった要素，つまり，状態の遷移に必要な非終端記号「s」をその矢印に付与する．なお，状態 1 のように，生成規則の最後に「・」がきた場合は，これ以上解析を進めることができないため，この状態で行き止まりとなる．

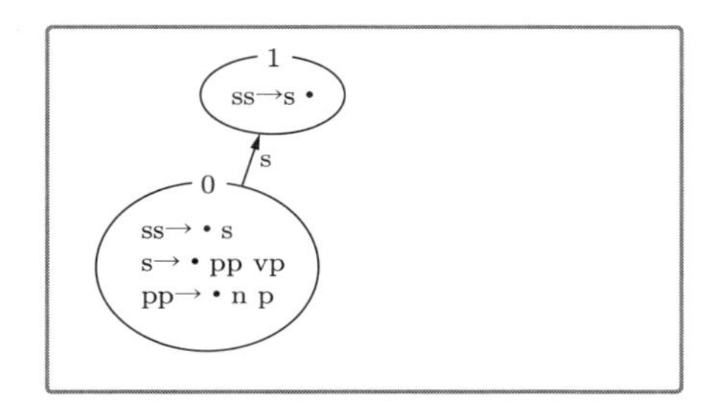

同じように，状態 0 の次の状態として「s → pp・vp」を見てみると，解析しようとしていた「pp」が見つかった状態である．この状態を 2 とする．状態 0 から状態 2 への遷移を表現するために，状態 0 と状態 2 とを矢印で結び，状態の遷移に必要な非終端記号「pp」をその矢印に付与する．

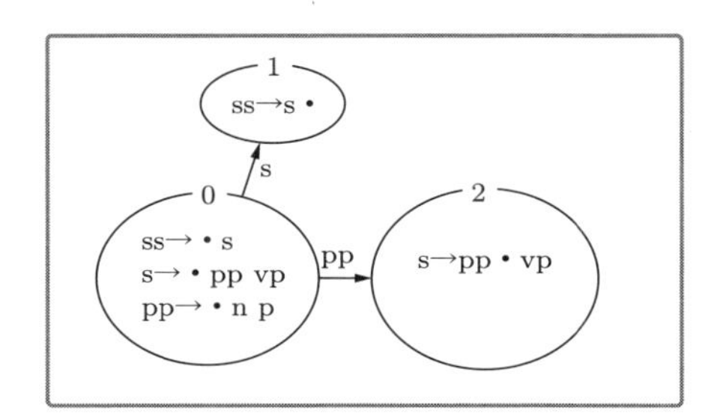

ここで，「vp」をより詳しく見るために，「vp」を左辺にもつ生成規則を調べる．すると，生成規則②に「vp → v」というものがある．つまり，「vp」は「v」で構成されるはずであり，「vp」を解析しようとすることはすなわち「v」を解析しようとすることに等しいといえる．そこで，状態 2 に生成規則②「vp →・v」が入る．

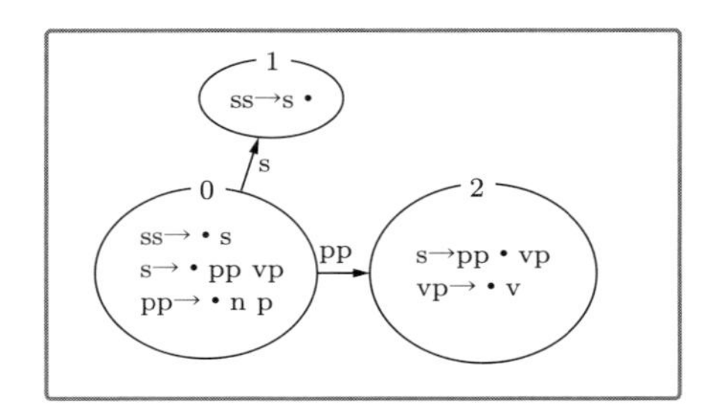

さらに同じように，状態0の次の状態として「pp → n・p」を見てみると，解析しようとしていた「n」が見つかった状態である．この状態を3とする．状態0から状態3への遷移を表現するために，状態0と状態3とを矢印で結び，状態の遷移に必要な非終端記号「n」をその矢印に付与する．

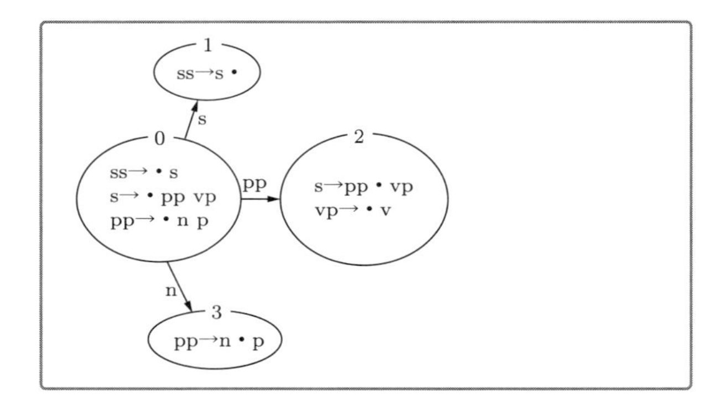

このように状態を作成していき，各状態からの最終的な行き先にある生成規則の最後に「・」がきていれば，状態遷移図の作成は完了ということになる．状態遷移図の作成終了までの各ステップを以下，順に図で示す．なお，状態を示す番号に関しては，自由に設定してよい．

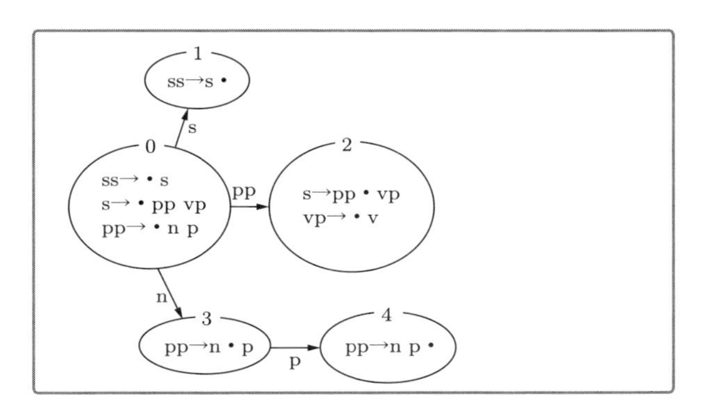
1
ss→s •
s
0
ss→ • s
s→ • pp vp
pp→ • n p
pp
2
s→pp • vp
vp→ • v
n
3
pp→n • p
p
4
pp→n p •

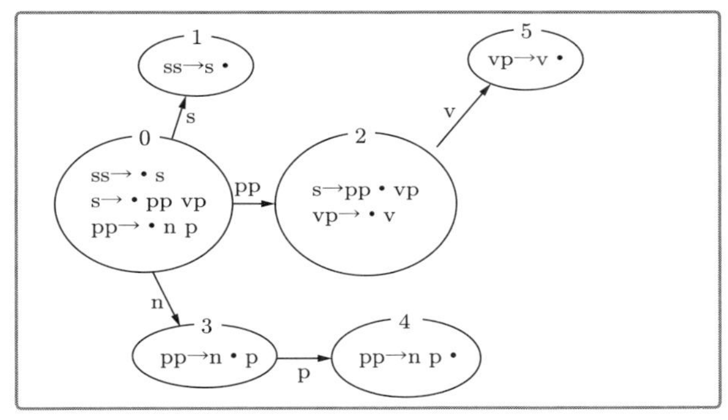
1
ss→s •
5
vp→v •
s
v
0
ss→ • s
s→ • pp vp
pp→ • n p
pp
2
s→pp • vp
vp→ • v
n
3
pp→n • p
p
4
pp→n p •

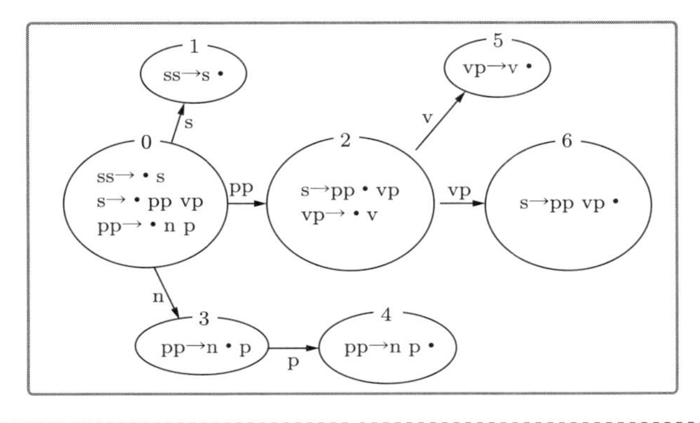
1
ss→s •
5
vp→v •
s
v
0
ss→ • s
s→ • pp vp
pp→ • n p
pp
2
s→pp • vp
vp→ • v
vp
6
s→pp vp •
n
3
pp→n • p
p
4
pp→n p •

4.5.2　状態遷移図から LR 構文解析表への変換方法

4.5.1 項で作成した図 4.13 の状態遷移図は，人間が扱ううえでは理解しやすい表現であるが，コンピュータでは非常に扱いにくい．そこで，図 4.13 の状態遷移図を表による表現に変換する．表であればコンピュータとの相性は良く，うまく扱うことができる．図 4.13 の状態遷移図を表形式に変換した結果である LR 構文解析表を表 4.1 に示す．

表 4.1　状態遷移図を変換した LR 構文解析表

	動作表				行き先表		
	n	p	v	$	s	pp	vp
0	s3				1	2	
1				acc			
2	s3		s5			6	4
3		s7					
4				r1			
5				r3			
6	s3		s5			6	8
7	r4		r4				
8				r2			

表 4.1 のように，LR 構文解析表には**動作表**（action table）と**行き先表**（goto table）とよばれる 2 種類の表があり，この 2 種類の表をうまく連携させて使用することで状態遷移図を表現している．

LR 構文解析表の左端には状態番号を，上端には状態が遷移するために必要な非終端記号を書き，それらが交わる部分にそれぞれで行われる処理を記号で記す．なお，動作表の上端は，右辺が終端記号で表現されている生成規則の左辺にある非終端記号（これをとくに**前終端記号**とよぶ）で，行き先表の上端は，右辺が非終端記号で表現されている生成規則の左辺にある非終端記号（これをとくに**純非終端記号**とよぶ）で構成する．また，動作表の上端には，文末を意味する「$」を便宜的に追加する．

行き先表には，次に遷移する状態番号を記す．たとえば，状態 0 で s が見つかった場合，状態は 1 に遷移するため，状態番号「0」と純非終端記号「s」が交わる部分に「1」と記す．

動作表には様々な処理内容を記す．まず，「ss → s・」を含む状態は構文解析の終了状態であり，構文解析が終了するときは文末であるため，その状態番号と文末を表す「$」が交わる部分に終了を意味する「acc」（“accept” の略）と記す．状態 1 はこれに該当する.

遷移する先の状態が行き止まりでない場合には「s 数字」と記し, 数字には遷移先の状態番号を記す. たとえば, 状態 0 で n が見つかった場合, 状態は 3 に遷移するため, 状態番号「0」と前終端記号「n」が交わる部分に「s3」と記す.

また, 遷移する先の状態が行き止まりの場合は「r 数字」と記し, 数字にはその状態にある生成規則の番号を記す. たとえば, 状態 4 には「s → pp vp・」とあり, これは行き止まりである. この状態は「s」の解析が終了したことを意味していることから文末である. そこで, 状態番号「4」と文末を表す「$」が交わる部分に「r1」と記す. また, 状態 7 には「pp → n p・」とあり, 行き止まりである. この状態は「pp」の解析が終了したことを意味している. しかし, 生成規則の右辺を見ると,「pp」の後には「vp」が存在しており文末ではない.「vp」は「pp vp」または「v」であり, さらに「pp」は「n p」である. つまり「pp」の後には「v」もしくは「n」がくるはずである. そこで, 状態番号「7」と前終端記号「n」,「v」が交わる部分に「r4」と記す.

この処理をすべてに対して行うことで, 図 4.13 の状態遷移図を表 4.1 の LR 構文解析表に変換することができる.

「彼が食べる」という文を以下に示す 6 個の生成規則で構文解析するとき, LR アルゴリズムにおける LR 構文解析表を作成せよ (例題 4.3 の解答を利用すること).

生成規則

・s → pp vp	①	・n → 彼	④
・vp → v	②	・p → が	⑤
・pp → n p	③	・v → 食べる	⑥

例題 4.4　解答

状態遷移図とは，ある状態から次の状態に遷移する過程を図 4.13 のように方向をもったグラフ（図）で表現した図である．図 4.13 のような状態遷移図は，人間が扱ううえでは理解しやすい表現であるが，コンピュータでは非常に扱いにくい．

そこで，コンピュータ用の状態遷移図として利用するのが LR 構文解析表である．LR 構文解析表は，状態遷移図を表形式に変換したものであり，動作表と行き先表の 2 種類の表で構成される．

まず，LR 構文解析表の枠を作成する．LR 構文解析表の左端には状態番号を，上端には状態が遷移するために必要な非終端記号を書く．動作表の上端に書く非終端記号は，前終端記号，すなわち，終端記号を右辺にもつ生成規則の左辺にある非終端記号である n，p，v とする．また，行き先表の上端に書く非終端記号は，右辺が非終端記号で表現されている生成規則の左辺にある非終端記号である純非終端記号である s，pp，vp とする．なお，動作表の上端には，文末を意味する「$」を便宜的に追加する．

	動作表				行き先表		
	n	p	v	$	s	pp	vp
0							
1							
2							
3							
4							
5							
6							

次に，作成した表の中身を埋めていく．LR 構文解析表の左端に書かれた状態番号と上端に書かれた状態が遷移するために必要な非終端記号とが交わる部分に，それぞれで行われる処理を記号で記す．

まず，行き先表を作成する．行き先表には，次に遷移する状態番号を記していく．たとえば，状態 0 で s が見つかった場合，状態は 1 に遷移するため，状態番号「0」と純非終端記号「s」が交わる部分に「1」と記す．

動作表

	n	p	v	$
0				
1				
2				
3				
4				
5				
6				

行き先表

s	pp	vp
1		

状態 0 には行き先がもう一つあり，pp が見つかった場合，状態は 2 に遷移するため，状態番号「0」と純非終端記号「pp」が交わる部分に「2」と記す．

動作表

	n	p	v	$
0				
1				
2				
3				
4				
5				
6				

行き先表

s	pp	vp
1	2	

同じように進めると，以下のように行き先表が完成する．

動作表

	n	p	v	$
0				
1				
2				
3				
4				
5				
6				

行き先表

s	pp	vp
1	2	
		6

次は，動作表を作成する．動作表には様々な処理内容を記していく．

状態 0 で n が見つかった場合，状態は 3 に遷移する．この遷移先の状態 3 は行き止まりではない状態である．このような場合には，「s 数字」と記し，数字には遷移先の状態番号を記す．つまり，この場合，状態番号「0」と前終端記号「n」が交わる部分に「s3」と記すことになる．

動作表 / 行き先表

	n	p	v	$	s	pp	vp
0	s3				1	2	
1							
2							6
3							
4							
5							
6							

次の状態 1 は，「ss → s・」という構文解析の終了状態であり，最後まで構文解析が行われた状態であるため文末となる．そこで，状態番号「1」と文末を表す「$」が交わる部分に終了を意味する「acc」と記す．

動作表 / 行き先表

	n	p	v	$	s	pp	vp
0	s3				1	2	
1				acc			
2							6
3							
4							
5							
6							

続く状態 2，状態 3 は，状態 0 のときと同じように処理することができる．

動作表 / 行き先表

	n	p	v	$	s	pp	vp
0	s3				1	2	
1				acc			
2			s5				6
3		s4					
4							
5							
6							

次の状態 4 はこれまでとは処理が異なる．状態 4 には「p → n p・」とあり，行き止まりである．このような場合には「r 数字」と記し，数字にはその状態にある生成規則の番号を記す．この状態は「pp」の解析が終了したことを意味している．しかし，生成規則の右辺を見ると，「pp」の後ろには「vp」が存在しており，「vp」は「v」であることから，「pp」の後ろには「v」がくるはずである．そこで，状態番号「4」と前終端記号「v」が交わる部分に「r3」と記す．

動作表

	n	p	v	$
0	s3			
1				acc
2			s5	
3		s4		
4			r3	
5				
6				

行き先表

s	pp	vp
1	2	
		6

続く状態 5，6 は行き止まりであり，かつ，文末であることから，状態番号と文末を表す「$」が交わる部分に「r2」，「r1」を記す．これにより，以下のように動作表が完成する．

動作表

	n	p	v	$
0	s3			
1				acc
2			s5	
3		s4		
4			r3	
5				r2
6				r1

行き先表

s	pp	vp
1	2	
		6

first 関数と follow 関数

自然言語処理の専門書では，**first 関数**と **follow 関数**というものがよく説明されている．first 関数とは，ある非終端記号の先頭にくる可能性のある前終端記号の集合を返す関数で，follow 関数とは，純非終端記号の直後にくる可能性のある前終端記号の集合を返す関数である．たとえば本文の例（図 4.13，表 4.1）の場合，first(vp)={v, n}，follow(pp)={v, n}となる．つまり，前述の例の状態番号「7」において「r4」を記すべき前終端記号は follow 関数で求めることができるのだ．詳細は，より高度な専門書を参照してほしい．

4.5.3　構文解析アルゴリズム

4.5.2 項で作成した LR 構文解析表を用いた LR アルゴリズムについて説明する．具体例として「彼が果物を食べる」という文に対して，4.5.1 項で示した 9 個の生成規則を使用する構文解析を行う．

表 4.1　状態遷移図を変換した LR 構文解析表（再掲）

	動作表				行き先表		
	n	p	v	$	s	pp	vp
0	s3				1	2	
1				acc			
2	s3		s5			6	4
3		s7					
4				r1			
5				r3			
6	s3		s5			6	8
7	r4		r4				
8				r2			

なお，本節冒頭で説明したように，構文解析を行う際には，途中結果を記憶しておく必要がある．その際，スタックとよばれる記憶領域が用いられる（図 4.14）．スタックは，後入れ先出し（LIFO: Last In First Out）の構造をもつ記憶領域であり，記憶領域にデータを入力するときの操作を**プッシュ**，記憶領域からデータを読み出すときの操作を**ポップ**とよぶ．

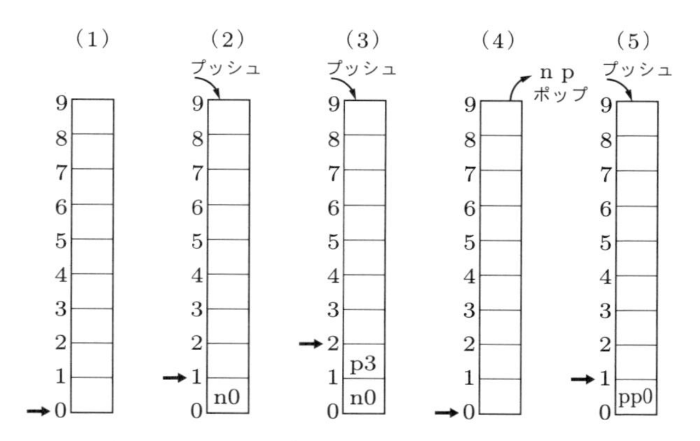

図 4.14　LR アルゴリズムにおけるスタックの様子

まず，文「彼が果物を食べる」を形態素解析し，形態素に分割する．このとき「彼/が/果物/を/食べる」と分割され，それぞれ「n/p/n/p/v」という非終端記号を属性とすることがわかったとする．

はじめに入力されるのは「彼」であり，その前終端記号は生成規則⑤から「n」であることがわかる．このとき，状態は 0 である．そこで，LR 構文解析表の動作表で「0」と「n」が交わるところに記載された記号を見る．この動作表の記号は行うべき操作を示しており，ここでは「s3」という操作を行う．この「s + 数字 (N)」は，「前終端記号をスタックに記憶し，状態 N に遷移する」ことを示している．そこで，「n」と状態番号「0」という情報をスタックにプッシュし（図 4.14 の (2)），状態 3 に遷移する．なお，この記号「s」は，**シフト** (shift)，すなわちスタックにプッシュされた情報が記憶される操作を意味する．

次に入力されるのは「が」であり，その前終端記号は生成規則⑦から「p」であることがわかる．いま，状態は 3 に移動しているため，LR 構文解析表の「3」と「p」が交わるところに記載された記号「s7」を実行する．前回と同じように「p」と状態番号「3」をスタックにプッシュし（図 4.14 の (3)），状態 7 に遷移する．

同様に処理を続けると，次は「果物」が入力され，LR 構文解析表から記号「r4」を実行することになる．「r + 数字 (N)」は，「スタックに記憶されている非終端記号を N 番目の生成規則で書き換える」ことを示している．そこで，生成規則④を利用し，スタックに記憶されている「n p」を「pp」に書き換える．まず，「p」，「n」の順にポップし（図 4.14 の (4)），生成規則④の左辺にある「pp」をプッシュする．このとき，状態番号としては後にポップした「n」の状態番号を引き継ぐ．つまり，スタックには「pp0」がプッシュされる（図 4.14 の (5)）．なお，記号「r」は，**還元** (reduce)，すなわちスタックに記憶されている情報を生成規則で書き換える操作を意味する．また，ポップされた情報をもとに構文木が作成されていく．

状態が 0 に戻ったことから，LR 構文解析表の行き先表で「0」と「pp」が交わるところに記載された記号「2」を実行する．行き先表には，状態遷移する先の番号が記されている．つまり，状態 2 に遷移することになる．

この操作では，まだ「果物」である「n」の解析は終わっていない．そこで，再度「果物」に注目し，LR 構文解析表の「2」と「n」が交わるところに記載された記号を実行する．

このように順々に処理を実行していき，動作表の「acc」に行き着いたとき，構文解析が終了することになる．今回の構文解析の結果を図 4.15 に示す．

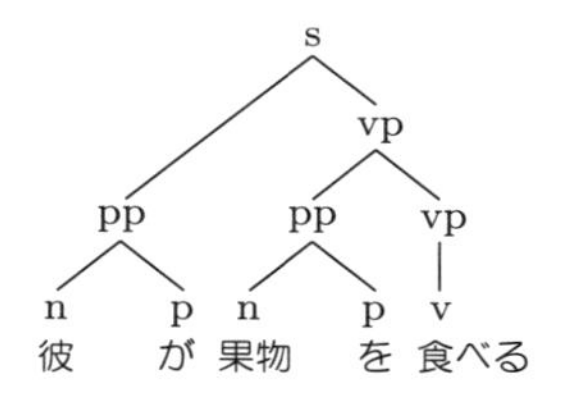

図 4.15　LR アルゴリズムによる構文解析結果

例題 4.5

「彼が食べる」という文を以下に示す 6 個の生成規則で構文解析する．このとき，LR アルゴリズムによって解法し，構文木を作成せよ．また，その解法過程におけるスタックの状態を示せ（例題 4.4 の解答を利用すること）．

生成規則

・s　→ pp vp	①	・n → 彼	④
・vp → v	②	・p → が	⑤
・pp → n p	③	・v → 食べる	⑥

例題 4.5　解答

スタックとは，後入れ先出し（LIFO）の構造をもつ記憶領域である．LR アルゴリズムではスタックにデータを入力するプッシュと，スタックからデータを読み出すポップの操作を行いながら構文解析の途中結果を記憶する．

解析対象の文「彼が食べる」を形態素解析し，形態素に分割する．このとき，「彼/が/ /食べる」と分割され，それぞれ「n/p/v」という非終端記号を属性とすることがわかったとする．

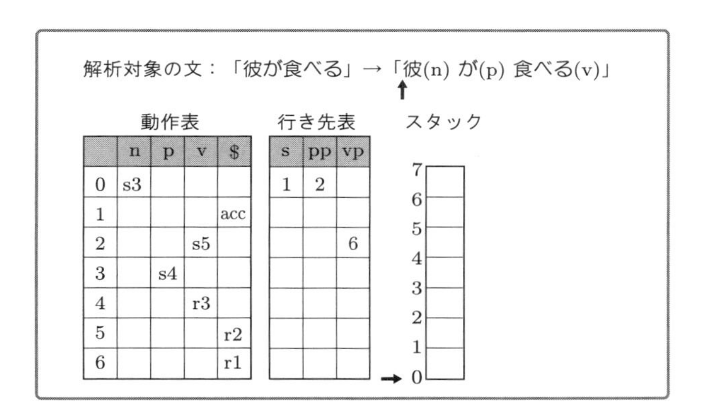

はじめに入力されるのは「彼」であり，その前終端記号は生成規則④から「n」であることがわかる．このとき，状態は 0 である．そこで，LR 構文解析表の動作表で「0」と「n」が交わるところに記載された記号を見る．動作表は行うべき操作を示している．今回は「s3」という操作を行う．この「s + 数字（N）」は，「前終端記号をスタックに記憶し，状態 N に遷移する」こと示している．そこで，「n」と状態番号「0」という情報をスタックにプッシュし，状態 3 に遷移する．

解析対象の文：「彼が食べる」→「彼(n) が(p) 食べる(v)」

動作表

	n	p	v	$
0	s3			
1				acc
2			s5	
3		s4		
4			r3	
5				r2
6				r1

行き先表

s	pp	vp
1	2	
		6

スタック

プッシュ

7	
6	
5	
4	
3	
2	
1	
0	n0

次に入力されるのは「が」であり，その前終端記号は生成規則⑤から「p」であることがわかる．いま，状態は 3 に移動しているため，LR 構文解析表の「3」と「p」が交わるところに記載された記号「s4」を実行する．前回と同じように「p」と状態番号「3」をスタックにプッシュし，状態 4 に遷移する．

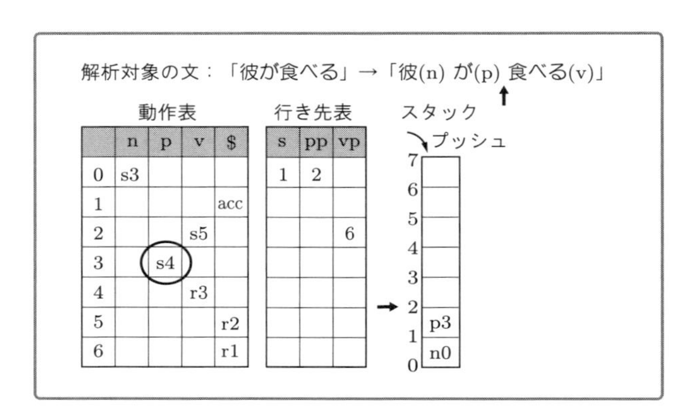

	n	p	v	$
0	s3			
1				acc
2			s5	
3		s4		
4			r3	
5				r2
6				r1

s	pp	vp
1	2	
		6

同様に処理を続けると，次は「食べる」が入力され，LR 構文解析表から記号「r3」を実行することになる．この「r + 数字（N）」は，「スタックに記憶されている非終端記号を N 番目の生成規則で書き換える」ことを示している．そこで，生成規則③を利用し，スタックに記憶されている「n p」を「pp」に書き換えることになる．まず，「p」，「n」の順にポップする．このとき，ポップされた情報をもとに構文木が作成される．

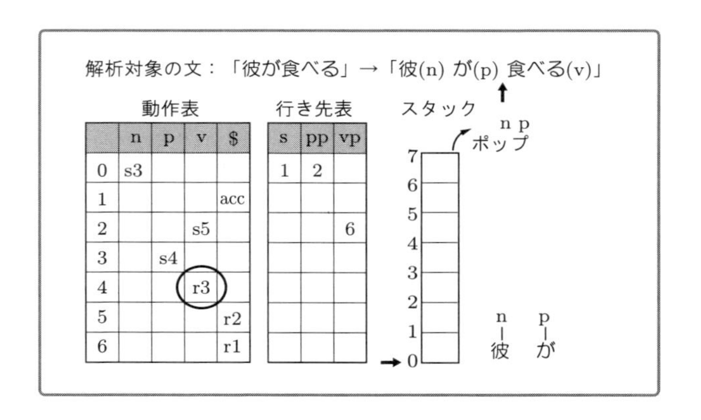

	n	p	v	$
0	s3			
1				acc
2			s5	
3		s4		
4			r3	
5				r2
6				r1

s	pp	vp
1	2	
		6

この後，生成規則③の左辺にある「pp」をプッシュする．このとき，状態番号としては 2 回目にポップした「n」の状態番号を引き継ぐことになる．つまり，スタックには「pp0」がプッシュされる．

解析対象の文：「彼が食べる」→「彼(n) が(p) 食べる(v)」

動作表

	n	p	v	$
0	s3			
1				acc
2			s5	
3		s4		
4			r3	
5				r2
6				r1

行き先表

	s	pp	vp
0	1	2	
1			
2			6
3			
4			
5			
6			

スタック
プッシュ
7
6
5
4
3
2
1
0 pp0
n p
彼 が

このとき，スタックの情報を見ると，状態が 0 に戻ったことから，LR 構文解析表の行き先表で「0」と「pp」が交わるところに記載された記号「2」を実行する．行き先表には，状態遷移する先の番号が記されている．つまり，状態 2 に遷移することになる．

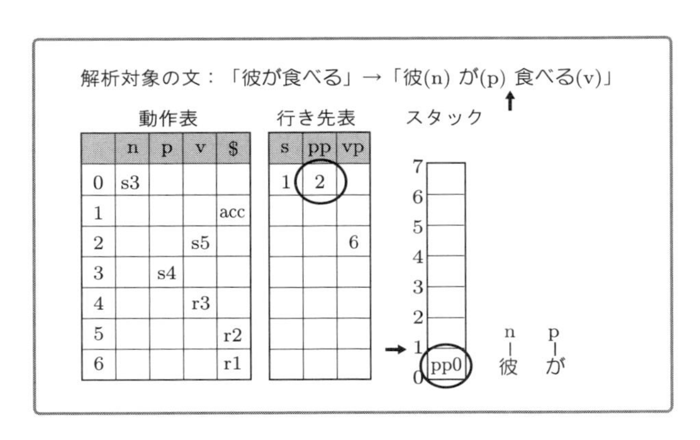
解析対象の文：「彼が食べる」→「彼(n) が(p) 食べる(v)」

動作表

	n	p	v	$
0	s3			
1				acc
2			s5	
3		s4		
4			r3	
5				r2
6				r1

行き先表

	s	pp	vp
0	1	2	
1			
2			6
3			
4			
5			
6			

この操作では，まだ「食べる」である「v」の解析は終わっていない．そこで，再度「食べる」に着目し，LR 構文解析表の「2」と「v」が交わるところに記載された記号「s5」を実行する．これまでの処理と同じように「v」と状態番号「2」をスタックにプッシュし，状態 5 に遷移する．

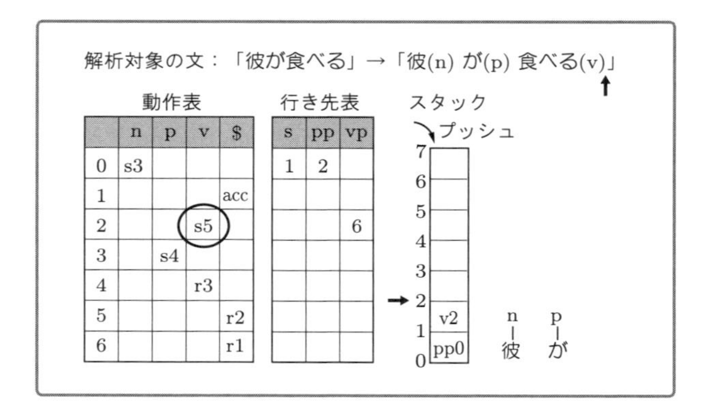

この状態で解析対象の文の解析は，すでに文末に達している．そこで，次に入力されるのは，単語ではなく文末の記号である「$」ということになる．いま，状態は 5 に移動しているため，LR 構文解析表の「5」と「$」が交わるところに記載された記号「r2」を実行する．これまでと同じように，生成規則②を利用し，スタックに記憶されている「v」を「vp」に書き換える．このとき，ポップされた情報「v」をもとに構文木が作成される．

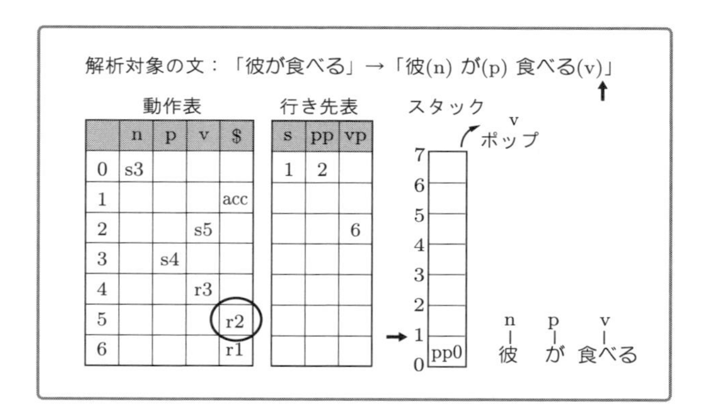

この後，生成規則②の左辺にある「vp」をプッシュする．このとき，状態番号としてはポップした「v」の状態番号を引き継ぐことになる．つまり，スタックには「vp2」がプッシュされる．

解析対象の文：「彼が食べる」→「彼(n) が(p) 食べる(v)」

動作表

	n	p	v	$
0	s3			
1				acc
2			s5	
3		s4		
4			r3	
5				r2
6				r1

行き先表

s	pp	vp
1	2	
		6

スタック　プッシュ

7	
6	
5	
4	
3	
2	
1	vp2
0	pp0

n p v
彼 が 食べる

このとき，スタックの情報を見ると，状態が 2 になったことから，LR 構文解析表の「2」と「vp」が交わるところに記載された記号「6」を実行する．つまり，状態 6 に遷移することになる．

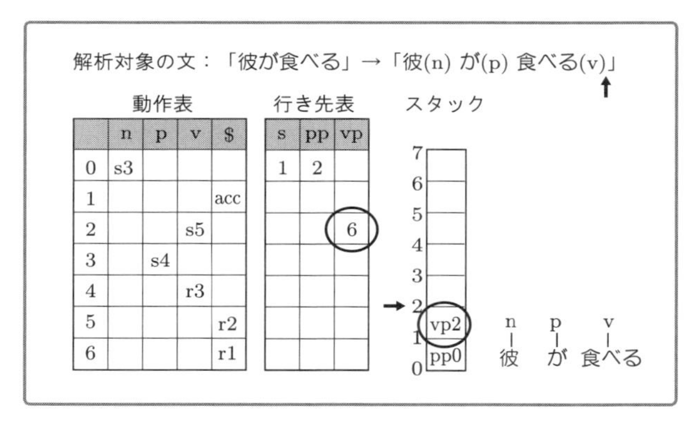

このように順々に処理を実行していき，動作表の「acc」に行き着いたとき，構文解析が終了することになる．以下に，以降のステップを順に図に示す．

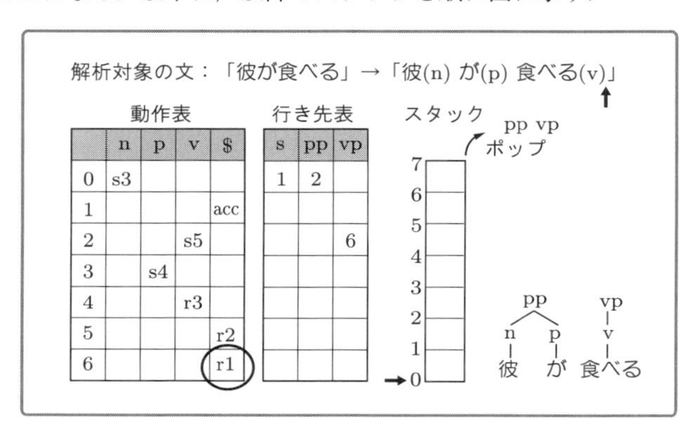

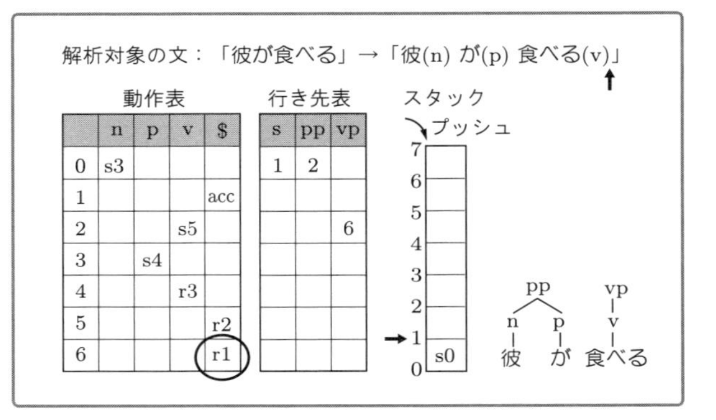
解析対象の文：「彼が食べる」→「彼(n) が(p) 食べる(v)」
動作表
n p v $
0 s3
1 acc
2 s5
3 s4
4 r3
5 r2
6 r1
行き先表
s pp vp
0 1 2
2 6
スタック
プッシュ
7 6 5 4 3 2 1 0
s0
pp
vp
n
p
v
彼
が
食べる

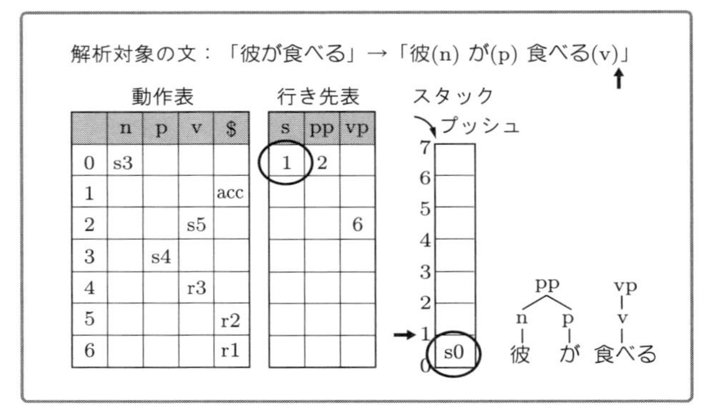
解析対象の文：「彼が食べる」→「彼(n) が(p) 食べる(v)」
動作表
n p v $
0 s3
1 acc
2 s5
3 s4
4 r3
5 r2
6 r1
行き先表
s pp vp
0 1 2
2 6
スタック
プッシュ
7 6 5 4 3 2 1 0
s0
pp
vp
n
p
v
彼
が
食べる

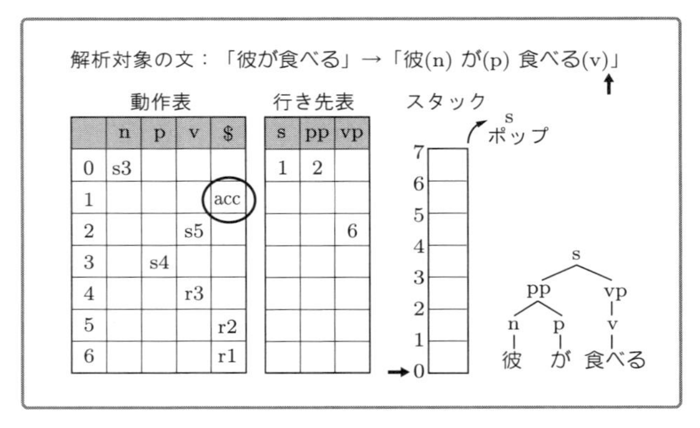
解析対象の文：「彼が食べる」→「彼(n) が(p) 食べる(v)」
動作表
n p v $
0 s3
1 acc
2 s5
3 s4
4 r3
5 r2
6 r1
行き先表
s pp vp
0 1 2
2 6
スタック
s
ポップ
7 6 5 4 3 2 1 0
s
pp
vp
n
p
v
彼
が
食べる

本章のまとめ

・構文解析とは，文法規則に則っているかをチェックする処理である．

・チャート法とは，構文解析を実現するための一般的な枠組みである．

・CYK 法とは，文脈自由文法を対象とした構文解析手法である．

・LR アルゴリズムとは，非常に効率よく構文解析を行うことができる手法である．

章末問題

1. 文脈自由文法とはどのような文法なのか説明せよ．
2. なぜ構文解析では文脈自由文法が利用されるのか説明せよ．
3. 構文解析は三つの考え方でそれぞれ 2 種類ずつに分類できる．それぞれについて説明せよ．

第 5 章

どんな内容が書かれているのかを解釈する
—意味解析—

第 4 章の構文解析により，与えられた文が文法の規則に合っているかどうかがチェックされ，日本語として体をなした表現であることが確認できた．しかし，文法の規則に合っているからといって，これをもって文を理解できたことにはならない．文を理解するためには，そこに書かれている意味を解釈する必要がある．

そこで本章では，第 2 章で説明した様々な知識をうまく利用することで，文として表現されている内容を把握する方法について述べる．

まず 5.1 節で意味を解釈する意味解析についての概要を説明した後，5.2〜5.4 節で具体的な意味解析手法について説明する．また，5.5 節では字面どおりの解釈では意味の解析が困難な表現である比喩の解析，5.6 節ではニュアンスを捉え，書き手や話し手の意図を解析する方法，さらに，5.7 節では一つの文ではなく複数の文で構成される文脈をもった文章の解析について説明する．

5.1 | 意味解析とは

これまでに述べてきたように，形態素解析を行った後，構文解析を行うことで日本語として正しい表現を捉えることができた．しかし，1.2 節で述べたように，言葉には一般的に多義性があり，様々な解釈をすることができる．また，時と場合によって，その解釈は変化する．「上手」という表記は，「ジョウズ」，「ウワテ」，「カミテ」と解釈でき，「彼は家で飛んでいる鳥を見た」は，

「彼は家にいて，外を見ると，そこには飛んでいる鳥がいた」
「彼が家に帰ると，家の中を飛び回っている鳥がいた」
「家という道具を使って飛んでいる不思議な鳥を彼は見た」
「彼が家の中を飛び回っていて，ふと見るとそこに鳥がいた」

「彼が家という道具を使って飛んでいて，ふと見るとそこに鳥がいた」

という複数の意味をもつ文として捉えることが可能である．そこで，意味的な正しさや文脈の情報との整合性をチェックすることで，複数の構文解析の結果の中から適切な結果を選択する必要がある．これが**意味解析**である．

1.3節でも説明したが，図5.1に日本語を理解するための処理の流れを再度示す．構文解析を行った後，意味解析では文の意味を把握し，文脈解析では複数の文で表現された文章の意味を把握する．これらの処理を行ってはじめて日本語を理解することができるのである．

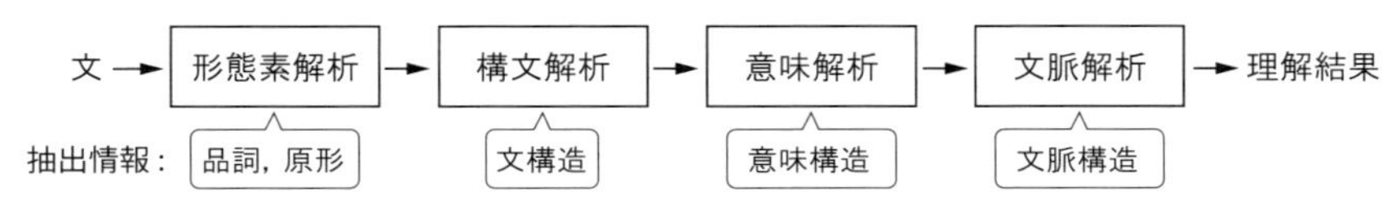

図5.1 文章の内容を理解するための流れ

5.2 基本的な意味解析手法

「太郎がパイをフォークで食べた」を例にとってみよう．意味を解析するためには，あらかじめそれらに対する知識が必要になる．ここでは，2.4.1項で説明した格フレームと2.4.2項で説明した意味ネットワークを利用した意味解析手法を説明する．

まず，「太郎がパイをフォークで食べた」という文を形態素解析する．さらに，構文解析をして文法に則していることもチェックする．結果としては，以下のような情報を得ることができる．

太郎　　　（名詞：固有名詞）
が　　　　（格助詞）
パイ　　　（名詞：一般名詞）
を　　　　（格助詞）
フォーク　（名詞：一般名詞）
で　　　　（格助詞）
食べた　　（動詞：原型＝食べる）

ここで，動詞と格助詞から格フレームを参照することで，「が」，「を」，「で」，「食べる」で構成される知識を抽出することができる．（　）で書かれている部分には，そのカテゴリーの様々な単語が挿入できることを示している．

食べる：動詞　1.（動物）が（食べ物）を（道具）で
　　　　　　　2.（動物）が（食べ物）を（場所）で
　　　　　　　…

次に，名詞の意味を調べるため，意味ネットワークを参照する．「太郎」，「フォーク」，「パイ」からは，以下のような知識を導き出すことができる．

太郎：固有名詞

概念	人間
名前	太郎

フォーク：名詞

概念	食器

パイ：名詞

概念	食べ物

「パイ」は意味ネットワークの知識から「食べ物」であることがわかり，格フレームの「食べ物」の箇所に挿入できることがわかる．しかし，「太郎」と「フォーク」はこのままでは適用することができない．そこで，意味ネットワークの階層構造を利用し，意味的に上位の概念を参照することで知識を拡張する．すると次のような知識を得ることができる．

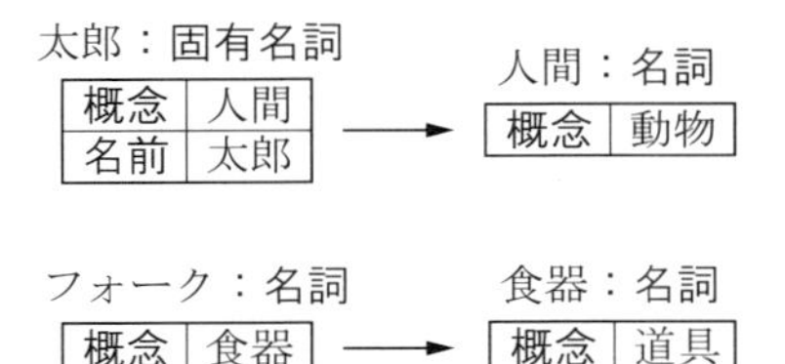

これにより，「太郎」は「動物」であり，「フォーク」は「道具」であることがわかる．

これらの意味ネットワークから得られた知識と格フレームの知識を融合すると，格フレームで抽出した１番目の知識「（動物）が（食べ物）を（道具）で食べる」を利用できることがわかる．結果として

「太郎という動物の一種である人間が，食べ物であるパイを，道具であるフォークを使って食べた」

と理解することができる．

このように，基本的には，「語」から「句」→「文」→「文章」へと小さな区切りから大きな区切りへとボトムアップ的に意味を解析するのが一般的である．また，とくに日本語の場合は，意味を表すうえで名詞の役割が大きいため，「名詞」→「名詞句」→「動詞」→「動詞句」→「名詞句＋動詞句」のような順序で意味を解析することが多い．

5.3 意味の近さ

意味を扱ううえでよく出てくる考え方に「意味の近さ」がある．たとえば，「食べ物」と「食品」は表記も異なり，厳密には意味も全く同じではないものの，似た内容を表現している．つまり，異なる単語であっても，意味内容が近いものが存在している．意味の近さを知ることができれば，知識を拡張して有効利用することが可能になり，より幅広い表現に対して柔軟に意味解析を行うことができる．

そこで，このような単語間の意味の近さを捉える方法が提案されている．以下に，主な3種類の方法について説明する．

5.3.1 共起情報を利用した単語間の類似度算出手法

この手法では，主に2.2節で説明したコーパスを利用し，大量に集められたデータ中の共起情報を用いて単語間の類似度を算出する．「共起」とは，ある場所でともに生起する現象を意味し，ここでは同じ文や文章の中で一緒に使われている単語のことを指す．

実際に単語間の類似度を算出するためには，**相互情報量**が利用される．相互情報量は

$$I(x,y) = \log_2 \frac{P(x,y)}{P(x)P(y)}$$

$P(x,y)$：単語 x と y の共起確率
$P(x), P(y)$：単語 x，単語 y の生起確率

で算出され，その値には次のような意味合いがある．

（1）相互情報量 $\gg 0$　（関係あり：正の相関関係）
（2）相互情報量 $\fallingdotseq 0$　（関係なし：意味のある関係がない）
（3）相互情報量 $\ll 0$　（逆の関係あり：負の相関関係）

相関関係のイメージは，たとえば図5.2のようなものである．身長が高いと一般的には体重が増えるという右肩上がりの分布は正の相関を表し，逆に，遊び時間

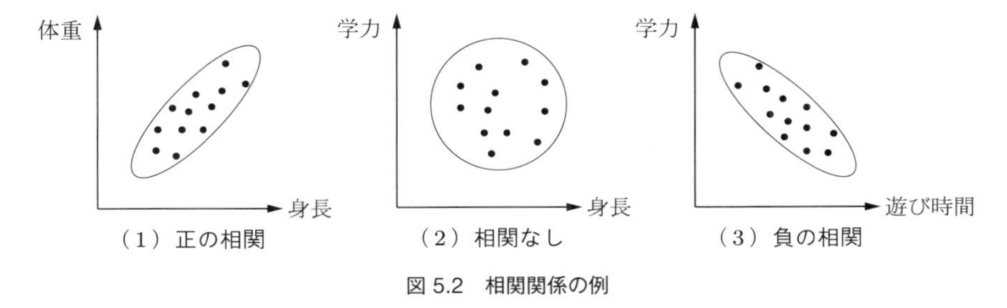

図 5.2 相関関係の例

が増えると学力が低下するというような右肩下がりの分布は負の相関を表す．また，身長と学力のように関係がない（相関がない）ということもある．これらの相関関係は，上で述べた相互情報量で把握することができる．

この相互情報量を用いて，「同一の動詞と共起しやすい名詞の類似度は高い」という考え方をもとに名詞どうしの類似度を求める．具体的には，2 種類の相互情報量から 2 種類の類似度を算出し，それらを加算した結果を最終的な名詞間の類似度とする．たとえば名詞 n と名詞 m との類似度を算出する場合，まず，名詞 n が主語で動詞が v のときの相互情報量と，名詞 m が主語で動詞が v のときの相互情報量を算出する．これらを用いて，以下の場合分けを行い名詞が主語であるときの類似度を算出する．

- 相互情報量がともに正のとき： 類似度$_{\text{主語}}$ = 小さい方の相互情報量
- 相互情報量がともに負のとき： 類似度$_{\text{主語}}$ = 大きい方の相互情報量の絶対値
- 相互情報量がそれ以外　　　： 類似度$_{\text{主語}}$ = 0

同じように，名詞 n と m が目的語で動詞が v のときの相互情報量を求め，類似度$_{\text{目的語}}$を算出する．最後に，類似度$_{\text{主語}}$と類似度$_{\text{目的語}}$を加算した結果を名詞 n と名詞 m との類似度とする．

例題 5.1　以下に示す五つの文を対象とし，分かち書き処理をした結果が以下のようになったとき，次の問いに答えよ．なお，必要があれば，$\log_2 5 = 2.32$, $\log_2 3 = 1.58$ を用いよ．

【対象とする文】

・大学で専門の講義を受けてきました
・大学の講義は大変ですか
・大学は楽しいですが講義は思ったより大変です
・講義の担当の先生は良い先生ですか
・先生は厳しいですが講義の補助をしてくれる先輩がいるので大丈夫です

【分かち書き処理をした結果】

・大学／で／専門／の／講義／を／受け／て／き／まし／た
・大学／の／講義／は／大変／です／か
・大学／は／楽しい／です／が／講義／は／思っ／た／より／大変／です
・講義／の／担当／の／先生／は／良い／先生／です／か
・先生／は／厳しい／です／が／講義／の／補助／を／し／て／くれる／先輩／が／いる／ので／大丈夫／です

（1）　単語「大学」と単語「講義」の相互情報量を求めよ．
（2）　単語「大学」と単語「大変」の相互情報量を求めよ．

例題 5.1 解答

相互情報量を算出するためには，ある単語の生起確率と別の語の生起確率，ならびにある単語と別の単語との共起確率を求める必要がある．

（1） 単語「大学」の出現確率は，5 文中に 3 回出現するため，3/5 となる．同じように，単語「講義」の出現確率は，5 文中に 5 回出現するため，$5/5 = 1$ となる．また，単語「大学」と単語「講義」が同時に出現する確率は，5 文中に 3 回出現するため，3/5 となる．よって，

$$\text{単語「大学」と単語「講義」の相互情報量} = \log_2 \frac{\frac{3}{5}}{\frac{3}{5} \times \frac{5}{5}} = \log_2 1 = 0$$

となる．

なお，相互情報量が「0」ということは，意味のある関係がないことを表しており，この場合，単語「大学」と単語「講義」との間には意味のある関係はないといえる．これは，単語「講義」が五つの文すべてに出現していることが原因であり，単語「講義」が情報量をもっていない，つまり，単語「講義」には単語「大学」も含めて何かを判別するための力がないことを意味している．

（2） 単語「大学」の出現確率は，5 文中に 3 回出現するため，3/5 となる．同じように，単語「大変」の出現確率は，5 文中に 2 回出現するため，2/5 となる．また，単語「大学」と単語「大変」が同時に出現する確率は，5 文中に 2 回出現するため，2/5 となる．よって，

$$\text{単語「大学」と単語「大変」の相互情報量} =$$

$$\log_2 \frac{\frac{2}{5}}{\frac{3}{5} \times \frac{2}{5}} = \log_2 \frac{5}{3} = \log_2 5 - \log_2 3 = 2.32 - 1.58 = 0.74$$

となる．

5.3.2　シソーラスを利用した単語間の類似度算出手法

次に，2.1 節で説明したシソーラスを利用し，その階層構造を用いて単語間の類似度を算出する手法について説明する．具体的には，ある単語のシソーラス上での階層の深さを調べ，その階層の近さから類似度を算出する．算出式を以下に示す．

$$S(n_i, n_j) = \frac{d_c \times 2}{d_i + d_j}$$

d_c: n_i, n_j に共通する上位ノードのシソーラス上の深さ
d_i, d_j: n_i, n_j のシソーラス上の深さ

たとえば図 5.3 のようなシソーラスがある場合を考える．

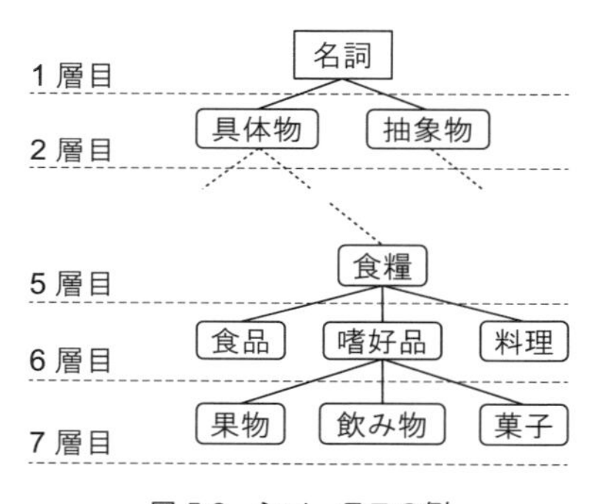

図 5.3　シソーラスの例

「菓子」と「果物」の類似度は，「菓子」と「果物」は 7 層目であり，その共通する上位ノードである「嗜好品」は 6 層目であることから $6 \times 2 \div (7 + 7) \fallingdotseq 0.86$ となる．また，「菓子」と「料理」の類似度は，「菓子」が 7 層目，「料理」が 6 層目，その共通する上位ノードである「食糧」が 5 層目であることから $5 \times 2 \div (7 + 6) \fallingdotseq 0.77$ となる．この結果から，「菓子」と「果物」の方が「菓子」と「料理」より類似性が高いことがわかる．

例題 5.2　図 5.3 に示したシソーラスの例を用いて次の問いに答えよ．
（1）「食糧」と「菓子」のシソーラス類似度を求めよ．
（2）「食品」と「料理」のシソーラス類似度を求めよ．

例題 5.2 解答

シソーラス類似度を求めるには，それぞれの語のシソーラス上での深さとそれらの語に共通する上位の語（ノード）のシソーラス上の深さを知る必要がある．

（1） シソーラス上での「食糧」と「菓子」ならびにこれらに共通する上位のノードを図に示す．

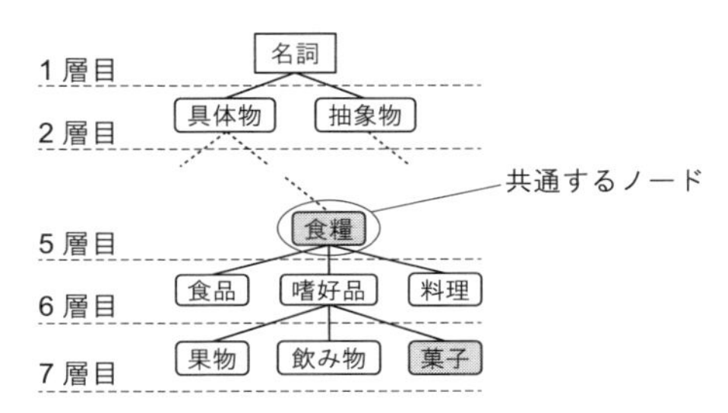

この図より，「食糧」のシソーラス上の深さは5，「菓子」のシソーラス上の深さは7であることがわかる．また，「食糧」と「菓子」に共通する上位のノードが「食糧」であることがわかり，その深さは5である．よって，

$$\text{「食糧」と「菓子」のシソーラス類似度} = \frac{5 \times 2}{5 + 7} = \frac{10}{12} \fallingdotseq 0.83$$

となる．

（2） シソーラス上での「食品」と「料理」，ならびにこれらに共通する上位のノードを図に示す．

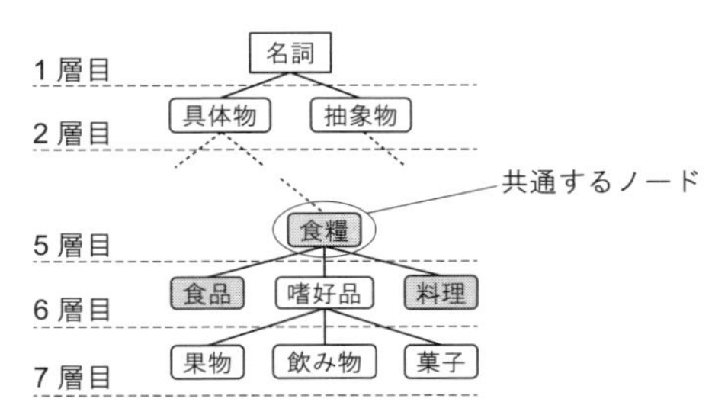

この図より，「食品」のシソーラス上の深さは6，「料理」のシソーラス上の深さも6であることがわかる．また，「食品」と「料理」に共通する上位のノードが「食糧」であることがわかり，その深さは5である．よって，

$$\text{「食品」と「料理」のシソーラス類似度} = \frac{5 \times 2}{6 + 6} = \frac{10}{12} \fallingdotseq 0.83$$

となる．

5.3.3　概念ベースを利用した単語間の関連度計算手法

最後に，2.4.3 項で説明した概念ベースを利用し，その連鎖構造を用いて単語間の関連の強さ（**関連度**）を算出する手法を紹介する．この方法では，二つの概念をそれぞれ二次属性にまで展開して比較する．具体的には，まずそれぞれの一次属性どうしでもっとも近いものを対応づけ，その一致度を足し合わせた値を算出する．アルゴリズムのイメージを図 5.4 に示す．なお，図 5.4 では簡略化のため，概念の属性に付与されている重みについては省略している．

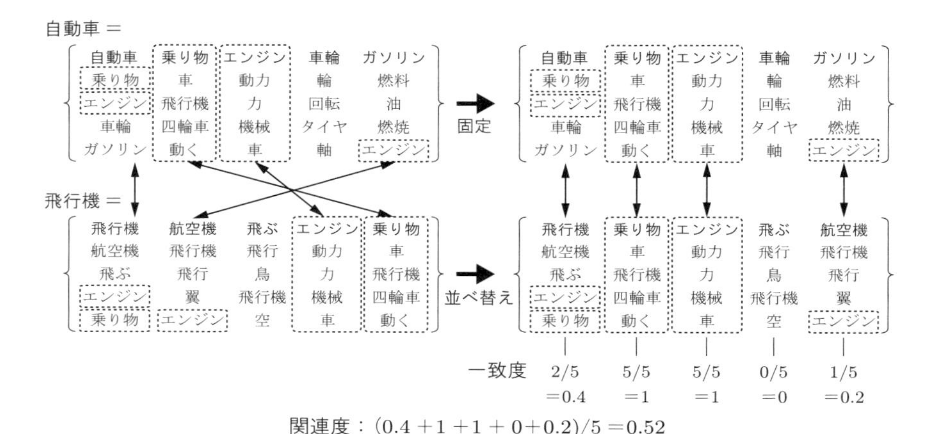

図 5.4　概念ベースを利用した単語間の関連度計算手法のイメージ図

概念 A と B の関連度 $DoA(A,B)$ は，以下のアルゴリズムにより計算される．

1. まず，二つの概念 A，B を一次属性 a_i，b_j と重み u_i，v_j を用いて，

$$A = \{(a_i, u_i) | i = 1, \cdots, L\}$$
$$B = \{(b_j, v_j) | j = 1, \cdots, M\}$$

   と定義する．ここで，属性個数は重みの大きいものから 30 個を上限として展開するものとする．なお，この上限値は実験的に検証された値である．

2. 一次属性数の少ない方の概念を概念 A とし（$L \leqq M$），概念 A の一次属性の並びを固定する．

$$A = \{(a_1, u_1), (a_2, u_2), \cdots, (a_L, u_L)\}$$

3. 概念 B の各一次属性を対応する概念 A の各一次属性との一致度（DoM）の

合計が最大になるように並べ替える．ただし，対応にあふれた概念 B の一次属性 $((b_{x_j}, v_{x_j}), j = L+1, \cdots, M)$ は無視する．

$$B_x = \{(b_{x_1}, v_{x_1}), (b_{x_2}, v_{x_2}), \cdots, (b_{x_L}, v_{x_L})\}$$

4. 概念 A と概念 B との関連度 $DoA(A, B)$ を

$$DoA(A, B) = \frac{1}{2}\left(\frac{s_A}{n_A} + \frac{s_B}{n_B}\right)$$

$$s_A = \sum_{i=1}^{L} u_i DoM(a_i, b_{x_i}), \quad s_B = \sum_{i=1}^{L} v_{x_i} DoM(a_i, b_{x_i})$$

$$n_A = \sum_{i=1}^{L} u_i, \quad n_B = \sum_{j=1}^{M} v_j$$

とする．

また，概念 A と概念 B の一致度 $DoM(A, B)$ は，一致する一次属性の重み（すなわち，$a_i = b_j$ となる a_i，b_j の重み）の合計をそれぞれ w_A，w_B として，次式で定義する．

$$DoM(A, B) = \frac{1}{2}\left(\frac{w_A}{n_A} + \frac{w_B}{n_B}\right)$$

この式では，概念 A と概念 B の一致割合を評価する一つの尺度として，概念 A の一次属性の全重みに対する両概念で一致している重みの割合 (w_A/n_A) と，概念 B に対する同じ値 (w_B/n_B) の平均が採用されている．

概念とその属性が次のように定義されているとき，本項で示した概念ベースを利用した単語間の関連度計算手法に則って，「大学」と「講義」の関連度を計算せよ．ただし，ここでは重みは均等であるとする．

【概念とその属性の定義】
- 大学 = {先生，専門}
- 講義 = {大変，先生}
- 専門 = {大変，楽しい}
- 先生 = {担当，厳しい}
- 大変 = {楽しい，厳しい}

例題 5.3 解答

単語間の関連度を計算するためには，まず，概念ベースの連鎖構造を利用し，その概念を二次属性まで展開する．その後，一致度を求め，関連度を算出する．

「大学」の一次属性は，定義より「先生」と「専門」である．ここで，概念の連鎖を行い，「先生」と「専門」の一次属性を調べる．「先生」の一次属性は定義のように「担当」と「厳しい」，「専門」の一次属性は定義より「大変」と「楽しい」である．結果として，以下のように概念を展開することができる．つまり，「先生」の一次属性である「担当」と「厳しい」，ならびに「専門」の一次属性である「大変」と「楽しい」は「大学」から見たときには二次属性ということになる．

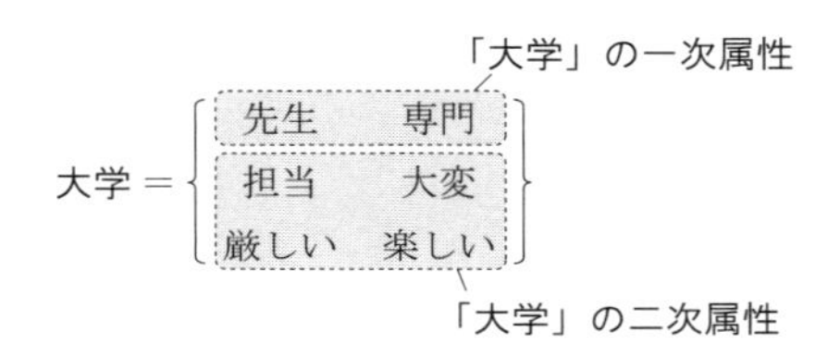

同じように，「講義」の一次属性は定義より「大変」と「先生」である．ここで，概念の連鎖を行い，「大変」と「先生」の一次属性を調べる．「大変」の一次属性は定義のように「楽しい」と「厳しい」，「先生」の一次属性は定義より「担当」と「厳しい」である．結果として，以下のように概念を展開することができる．つまり，「大変」の一次属性である「楽しい」と「厳しい」，ならびに「先生」の一次属性である「担当」と「厳しい」は「講義」から見たときには二次属性ということになる．

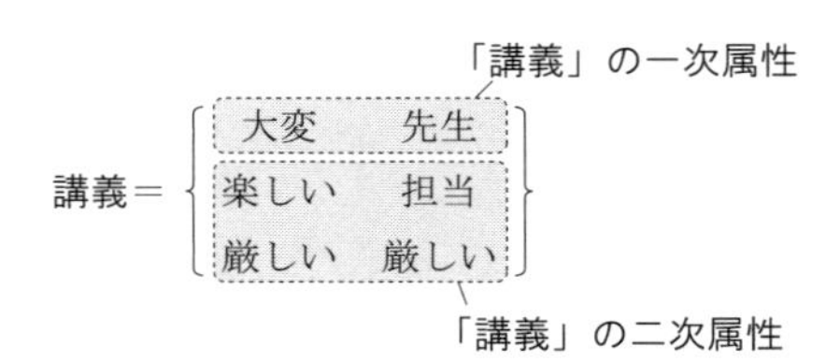

これで，単語を概念化することができた．次は一致度の計算である．一致度は，最も一致度合いの高い組み合わせを見つけ，その個数の割合を求めることで算出できる．最も良い組み合わせを見つけると以下のようになる．

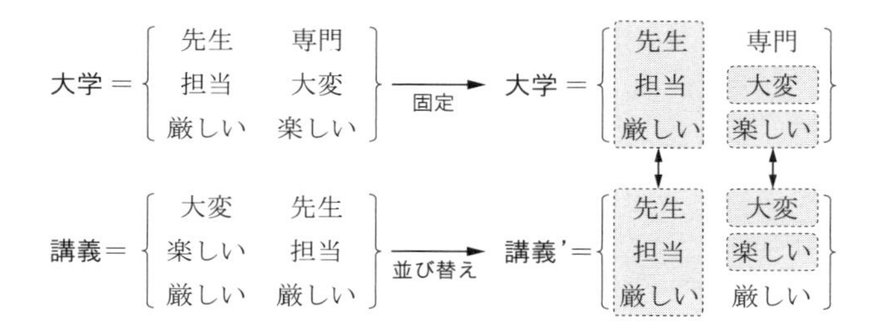

ここで，「大学」と「講義」にはともに「先生」という一次属性があり，その属性群は完全に一致するため，一致度は $3/3 = 1$ となる．また，「大学」の一次属性「専門」と「講義」の一次属性「大変」に着目すると，それらの属性群のうち「大変」と「楽しい」という属性が一致する．よって，この部分の一致度は $2/3$ となる．よって，

$$\text{「大学」と「講義」の関連度} = \frac{1 + \frac{2}{3}}{2} = \frac{5}{6} \fallingdotseq 0.83$$

となる．

5.4 優先意味論

5.1 節にて「上手」を例に挙げて述べたように，言葉には多義性があり時と場合により解釈を変化させる必要がある．**優先意味論**では，文中に含まれている語との相互関係が多い意味を優先して採用することで，複数の解釈から最も適切な解釈を選択する．

たとえば，「若い学生が金を借りる」という文において，「金」を「カネ」と解釈するか「キン」と解釈するかを判断する場合を考える．このとき，以下のようなすべての単語の組み合わせに対して，5.3 節で説明した単語間の類似度や関連度を算出する．

・若い学生 + 金（カネ）+ 借りる

若い ⇔ 学生	○
若い ⇔ 金（カネ）	×
若い ⇔ 借りる	×
学生 ⇔ 金（カネ）	○
学生 ⇔ 借りる	○
金（カネ）⇔ 借りる	○

・若い学生 + 金（キン）+ 借りる

若い ⇔ 学生	○
若い ⇔ 金（キン）	×
若い ⇔ 借りる	×
学生 ⇔ 金（キン）	×
学生 ⇔ 借りる	○
金（キン）⇔ 借りる	×

算出された値により，相互関係を判断し，より強い相互関係の単語の組み合わせが多い方の意味を解釈結果とする．上の例の場合，強い相互関係を○，弱い相互関係を×と表現している．この場合，「金」を「カネ」と解釈する方が○の数が多いため，「若い学生が金（カネ）を借りる」と解釈することになる．

5.5 比喩解析

自然言語においては，文章の表現を豊かにするために様々な技法が用いられることがある．そのような技法の代表的なものに**比喩**がある．比喩では，言葉を字義どおりに使わず，標準的な使い方とは別の使い方で用いる．たとえば，「まるで雪のような肌だ」という比喩表現において，「雪」は標準的な意味である「寒い日に空から降ってくる白い雪」としてではなく，「白いものの例え」として用いられている．このように，比喩は字面どおりに解釈することはできない表現である．

比喩の意味を正しく捉えるためには，主に 2.4.2 項で説明したオントロジーや 2.4.3 項で説明した概念ベースを利用した意味解析が有効である．具体的には，単語がもつ属性の共通性を利用し，意味を推測する方法が考えられる．先の例の「まるで雪のような肌だ」の場合，「雪」と「肌」がもつ属性をオントロジーや概念ベースから導き出して，たとえば図 5.5 のような属性が得られたとする．このとき，「雪」と「肌」の両方に「白い」という属性が存在しているため，「白い肌」であると解釈することができる．

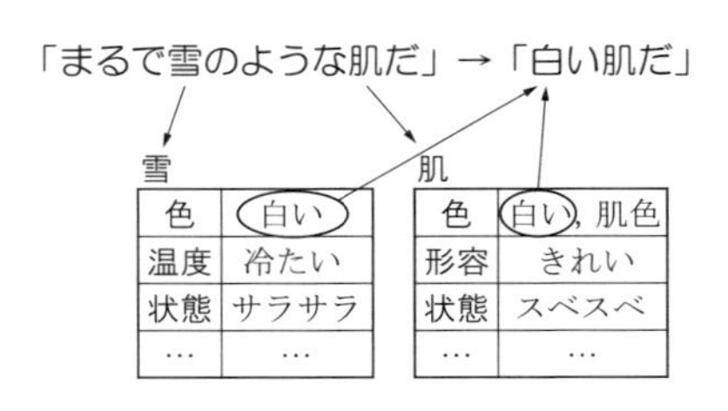

図 5.5　比喩解析の例

しかし，比喩解析はそう簡単なものばかりではない．たとえば，「まるで餅のような肌だ」という比喩表現の場合，「餅」と「肌」に共通する属性として「白い」と「やわらかい」という二つの属性が得られる可能性が高い．この場合，「白い肌」や「やわらかい肌」と解釈することになり，正しい解釈結果を得ることは難しくなる．

また別の例として，「まるで人のようなロボットだ」と「まるでロボットのような人だ」という文を考える．これらの文では，「人」と「ロボット」という同じ単語が使用されており，それらの位置が異なるだけである．つまり，「人」と「ロボット」から得られる共通する属性は同じである．しかし，前者は「賢い」ロボットを，後者は「冷たい」人を表現した文である．

このように，共通する属性により，ある程度比喩表現を正しく解釈することはできるが，単純に共通する属性を使用するだけでは限界がある．比喩解析は，今後も引き続き研究を続けなければならない分野であるといえる．

5.6 意図解析

これまで「意味」について考えてきたが，この意味と非常に深い関係があるものとして「意図」がある．**意図**は，直接的ではないが書き手や話し手が感じている気持ちをニュアンスとして伝えるものである．日本語においては，主に文末の表現として現れることが多い．この意図を表す表現を**モダリティ**とよぶ．定式化すると

$$文 = 命題 + モダリティ$$

と表現することができる．文の主たる部分である命題が意味を表現し，モダリティが意図を表現している．このモダリティが付加されることで複雑なニュアンスが生まれる．

たとえば，「夏休みが終わって学校が始まった」という文の場合，「新学期が始まった」という意味だけが表現されている．この部分が命題に当たる．一方，「夏休みが終わって学校が始まってしまった」という文の場合，「新学期が始まった」という意味の他に「夏休みが終わって悲しい」や「学校が始まって嫌だ」というニュアンスが含まれているのがわかる．つまりこの場合，最後の「しまった」がモダリティということになる．

モダリティは以下のように分類することができる．

1. 命題内容に対する書き手や話し手の判断のあり方を表すモダリティ
   (a) 真偽判断のモダリティ（認識的モダリティ）
   断定（～だ）

伝聞（(〜する）そうだ）
説明（のだ，わけだ）
蓋然性判断（かもしれない，にちがいない）
推量（だろう，まい）
証拠性判断（らしい，ようだ，(〜し）そうだ）
当然性判断（はずだ）

(b)　価値判断のモダリティ（当為評価のモダリティ）
適当（べきだ，ほうがよい，(〜すれ）ばよい，等）
必要（(〜し）なければならない，(〜せ）ざるをえない，等）
容認・非容認（(〜し）てもいい，(〜し）てはいけない，等）

2. 聞き手に対する発話態度・伝達態度を表すモダリティ

(a)　述べ立てのモダリティ
現象描写文（子供が運動場で遊んでいる）

(b)　表出のモダリティ
意志・希望（今年こそ頑張ろう/水が飲みたい）
願望（明日天気になあれ）

(c)　働きかけのモダリティ
命令（こっちへ来い）
勧誘（一緒に食べましょう）

(d)　問いかけのモダリティ
判断の問いかけ（彼は大学生ですか？）
確認（水が飲みたいの？）

これらのモダリティに柔軟に対応するためにはまだまだ研究を行う必要があるが，現状では2.3節で説明した知識ベースを利用することが一般的な対処法である．

5.7 文脈解析

これまでは主に一つの文に対する説明をしてきたが，本節では複数の文で構成される文章の場合を考える．文章になった場合，そこには**文脈**が生じ，一つの文のときとは異なる意味が表れる場合がある．そのため，文と文，単語と単語，概念と概念などの対応関係を背景状況や背景知識，話の過程などと結びつけて意味を理解する必要がある．

たとえば，「それを私は早速買った」，「参考になる本が本屋にあった」，「面白かった」，「本は赤色で安かった」という四つの文があるとする．これら四つの文はそれぞれ意味をもっている．バラバラに四つの文が存在している限りではこれまでである．しかし，以下のように四つの文を特定の順に並べてみると状況は異なる．

参考になる本が本屋にあった
本は赤色で安かった
それを私は早速買った
面白かった

この場合，一文ずつの意味の他に前後の文とのつながり，つまり文脈が生まれることで意味に広がりが生じる．このような現象を生みだす文の性質のことを**結束性**とよぶ．以下に，文脈のもたらす意味の広がりについて，四つの側面に分けて説明する．

・照応関係

照応とは，ある言語表現がその前に現れる言語表現と同じ内容や対象を指し示すことである．前に現れる表現を**先行詞**，後に現れる表現を**照応詞**とよぶ．また，照応詞が指示代名詞などの場合，とくに**指示詞**とよぶことがある．先の例の場合以下のように，2文目の「本」が先行詞，3文目の「それ」が照応詞ということになる．つまり，「それ」は直前の「本」のことを指し示していることになる．

参考になる本が本屋にあった．
先行詞→（本）は赤色で安かった．
照応詞→（それ）を私は早速買った．
面白かった．

・名詞の指示性

名詞の指示性とは，文章中ですでに現れた名詞を指し示すことである．先の例の場合，2文目の「本」は1文目の「本」を指し示していることになる．つまり，赤くて安い本は，参考になる本であり，本屋にあった本でもあるということになる．また，前述の照応関係も関連づけると，私が早速買った本も同じく，参考になる本であり，本屋にあった本だということになる．

・ゼロ代名詞

ゼロ代名詞とは，文中で省略された代名詞のことである．先の例の場合，4文目の「面白かった」の前に「それは」もしくは「本は」が省略されている．つまり，面白かったのは本であり，その本は本屋にあった参考になる赤くて安い本で，私が早速買った本であることになる．

・文間の論理的構造

これまでは，文章が直接表現している意味内容に着目して説明してきたが，その他の情報として，ある文と別の文がどのような関係でつながっているのかという関係性も，意味を捉えるうえでは重要な要素となる．捉えるべき関係性としては以下のようなものがある．

並列，対比，主題連鎖，焦点主題連鎖，詳細化，理由，原因結果，
変化，例提示，例説明，質問－応答

たとえば，先の例の場合，2 文目は 1 文目の詳細化であり，3 文目は 1 文目と 2 文目の結果である．

このような関係性は，主に接続詞，文の主題や焦点，文中の単語の品詞，単語そのもの，単語と単語の近さなどを利用して把握することになる．

コラム

「意味」の奥深さ

意味を理解するためには「現実の世界」と「概念の世界」そして「言語の世界」の各々の関係をうまく関連づける必要がある．それらをどう結びつけているかは**意味論**といわれる分野で研究されており，**モンタギュー意味論**や**状況意味論**，**メンタルスペース理論**などが有名である．このような非常に高度なことを瞬時に行っている人間のすごさには，改めて驚かずにはいられない．

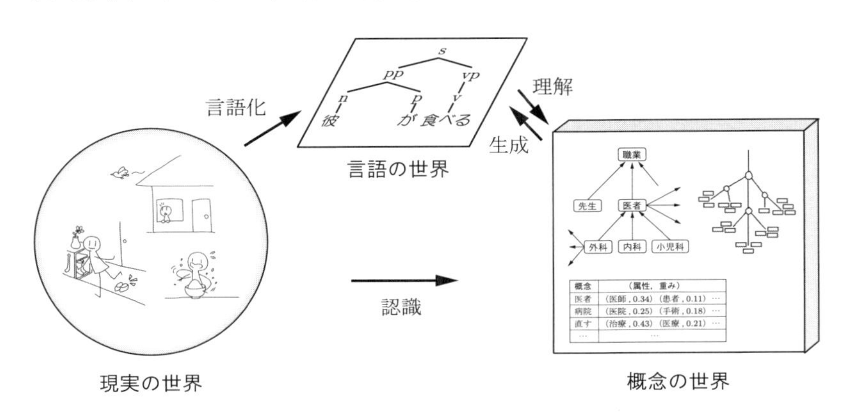

本章のまとめ

- 意味解析の一つの目的は，複数の構文解析結果の中から意味的な視点で最もふさわしいものを選択することである．
- 意味を扱う際には，意味の近さを捉える必要があり，その手法は複数存在する．
- 意味を捉えるためには，意図や文脈などを把握する必要もある．
- 意味を理解するためには，「現実」と「概念」，「言語」の各世界の関係をうまく関連づける必要がある．

章末問題

1. 意味解析の必要性について説明せよ．
2. 優先意味論について，具体例を用いて説明せよ．
3. モダリティについて，具体例を用いて説明せよ．

第 6 章

自然言語処理を使った便利なアプリケーション

第5章までで，一通りの自然言語処理の要素技術について説明した．これらの技術を応用することで様々なアプリケーションをつくることができる．実際には，様々な場面に応じて，これらの技術から適切なものを選択し，うまく組み合わせることでそれを実現する．一見すると，このような自然言語処理を用いたアプリケーションが身近に存在するとは感じられないかもしれないが，実は我々が必需品として日々利用しているものもたくさんあるのである．

そこで本章では，日ごろの生活でよく利用し，その恩恵に与っているアプリケーションについて述べる．また，最後の6.6節では，自然言語処理の未来を切り拓く最前線の研究を少しだけ紹介する意味で，言語から発言者の感情を判断する研究についても述べる．

6.1 | かな漢字変換

パソコンや携帯電話，スマホの入力で毎日のようにお世話になっているアプリケーションに，かな漢字変換ソフトがある．とくに日本語は，ひらがな，カタカナ，漢字，アルファベットと複数の表現方法を有する言語であるため，かな漢字変換は必要不可欠である．かな漢字変換ソフトの良し悪しは，ユーザの満足度に大きく影響を及ぼすといわれており，非常に重要なアプリケーションである．

「かな」から漢字へ変換する方式としては，ヒューリスティック法である**二文節最長一致法**と**文節数最小法**，統計的手法である**接続コスト最小法**と **n-gram 法**が有名である．これらの名前からわかるように，すでに第3章で説明した形態素解析の技術を応用することでかな漢字変換は実現されている．形態素解析では，文を形態素に分ける処理を行っていたが，かな漢字変換はその逆で，次々入力される「かな」から単語の塊をつくり，それらをつなげて文をつくる処理を行っている．なお，各手法の詳細については，第3章の説明で十分理解できるためここでは割愛する．

かな漢字変換の難しさとしては，同音異義語と個人差の問題を挙げることができる．同音異義語の問題の例としては，たとえば「ほしょう」という入力を漢字に変換する場合，「保障」，「保証」，「補償」，「歩哨」のどれが正解かを判断する必要がある．これについては，前後の単語や文などから正しい解を推測したり，2.2節で説明したコーパスを利用したりする方法がある．また最近では，たとえばメールのやり取りにおいて受信したメールに返信する場合，受信したメールで使用されている単語を優先的に変換候補にするという手法も開発されている．

個人差は，たとえば「おこなう」を「行う」と書くのか「行なう」と書くのか，「はじまる」を「始まる」と書くのか「始る」と書くのかという問題である．これらの表記はそれぞれ両方ともにこれらはともに正しい表記であり，書き手の好みや習慣による違いである．また，たとえば「行かなかったかもしれなかった」というような複雑な表現の場合，そもそもどこからどこまでが一つの塊であるのかを推測することが難しいという問題もある．これらに関しては，学習機能を搭載し，ユーザ個人の特性に合わせることで問題解決されていることが多い．

このように，かな漢字変換は形態素解析の技術に様々なアイデアを組み合わせて実現されている．この仕組みをよく理解すれば，使用するかな漢字変換ソフトの変換手法を知り，正しい変換が期待できる入力方法をとることで，よりストレスなくスムーズな変換を行うこともできる．

昔のかな漢字変換ソフトは解析能力が非力であったため，自立語と付属語を分けて入力する**自立語付属語分かち書き入力**や，単語単位に区切って入力する**単語分かち書き入力**をするのが良いとされてきた．しかし，コンピュータの処理能力と自然言語の解析能力の向上により，文節単位に区切って入力する**文節分かち書き入力**や分かち書きをせずにどんどん続けて入力する**べた書き入力**が可能になっている．また，前後の関係などから予測を行うため，分かち書き入力をするよりもべた書き入力をした方が高い変換精度を得られる場合もあるまでに進化している．

さらには，ユーザの入力誤りを検知し，修正したり補完したりすることで，正しい入力に変換してくれるかな漢字変換ソフトまで存在している．入力の際の誤りとしては，以下のような4種類が想定される．

- **置換誤り**：ある文字が別の文字と置き換わる（いわゆる**誤字**）
- **欠落誤り**：ある文字が抜け落ちる（いわゆる**脱字**）
- **挿入誤り**：ある文字が余分に入る（いわゆる**誤挿入**）
- **転置誤り**：隣り合う文字が入れ替わる

これらの入力誤りを補正する手法としては，以下のようなものが提案されている．

- 規則ベース技法：綴り誤りの類型（語尾変化など）に基づいて訂正する
- 雑音のある通信路モデルに基づく技法：情報理論の技術である誤り訂正手法（雑音下でも正しく情報を通信するための手法）を応用して訂正する
- 類似キー技法：類似した文字列のグループをあらかじめ定義しておき，そのグループ内で置換を行う（たとえば，キーボードで隣接するキーや濁音・半濁音（「は」と「ば」と「ぱ」））
- 編集最小距離技法：**編集距離**が最小の別の語を辞書から検索し置き換えたり，逆に，入力された誤った綴りから編集距離が小さい順に文字列を生成して訂正したりする．なお，編集距離とは，ある文字列から別の文字列に変換する際に行われる置換，挿入，削除，転置の作業回数である（たとえば，時間（jikann）と事件（jikenn）の編集距離は 1（「a」と「e」の置換）である）．

6.2 機械翻訳

6.1 節のかな漢字変換は，いわば日本語を日本語に変換するアプリケーションであったが，それができるのであれば，日本語を他の言語に，また他の言語を日本語に変換することも可能である．これが，いわゆる翻訳ソフトである．第 1 章でも述べたとおり，この機械翻訳の技術開発は古くからあり，冷戦時代の 1950 年代のロシア語－英語（米語）変換に遡る．現在では，インターネット上に無料のサービスとしても提供されるようになっている．

機械翻訳は，**原言語**を**目的言語**に変換する処理である．たとえば日英翻訳であれば日本語から英語に書き換えられるが，このときの日本語が原言語，英語が目的言語となる．機械翻訳の方式として，以下に 4 種類を説明する．

単語直接方式とは，原言語から目的言語へ単語単位で置き換え，目的言語の文法規則に沿うように並び替えることで翻訳を実現する方法である．図 6.1 の単語直接方式のイメージ図のように，この方式では，形態素解析が利用されている．

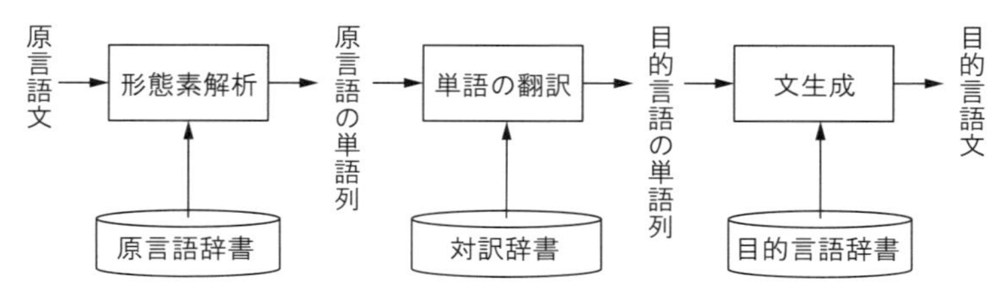

図 6.1　単語直接方式のイメージ図

変換（トランスファ）方式とは，原言語の構文解析結果を目的言語の構文解析結果に変換することで翻訳を実現する方式である．図 6.2 に変換方式のイメージ図を示す．単語直接方式に構文解析が追加されることで，より高精度な翻訳が実現されている．

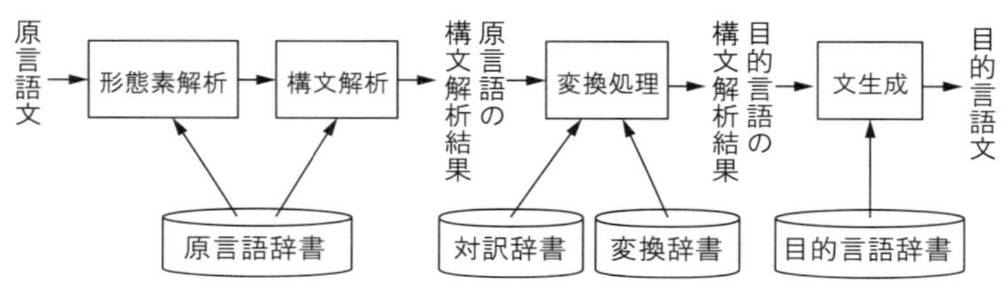

図 6.2　変換方式のイメージ図

図 6.1，6.2 からわかるように，機械翻訳では必ず対訳・変換辞書が必要であり，翻訳精度はこの良し悪しに大きく依存する．しかし，この翻訳辞書の作成には多くの時間と人手，コストがかかる．また，単語直接方式や変換方式により多言語間で翻訳を行う場合，それらの言語間における複数の翻訳辞書が必要になる．つまり，たとえば N 語間で翻訳をする場合，$N \times (N-1)$ 個の翻訳辞書が必要になる．

そこで，**中間言語（ピボット）方式**では，原言語を言語に依存しない意味表現が可能である中間言語に変換し，その後，中間言語から目的言語に変換すること

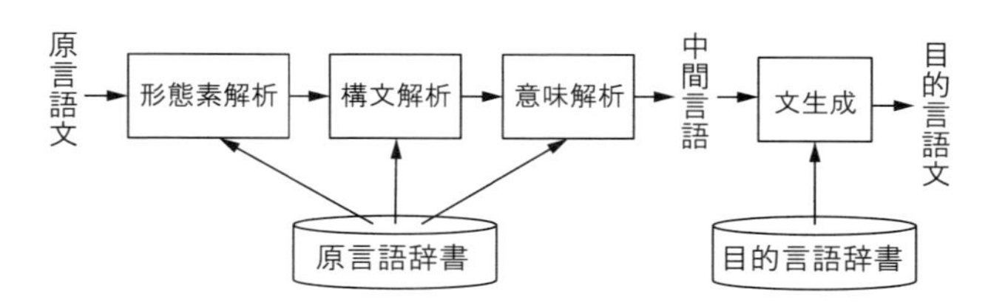

図 6.3　中間言語方式のイメージ図

で翻訳を実現している．これにより，N 語間で翻訳する場合でも $2N$ 個の翻訳辞書で翻訳が可能になる．また，意味表現にまで踏み込むことで，さらに精度の高い翻訳が実現できる．図 6.3 に中間言語方式のイメージ図を示す．

コラム

文化の影響

中間言語として，古くはドイツ語が利用されていた．ドイツと聞くと，まじめで堅いというイメージをおもちかもしれない．ベンツや BMW，ポルシェなどのドイツ製の車も硬くて丈夫なイメージだが，言語においても曖昧性が少なく，文法構造がしっかりしているといわれている．やはり文化の影響は大きいようだ．

最近の流行としては，**事例ベース（コーパス）方式**がある．この方式では，大量の翻訳事例を参考に単語を置き換えることで翻訳を実現している．実際に，人間が翻訳した生の結果を直接利用することで，より人間に近い翻訳が可能になっている．図 6.4 に事例ベース方式のイメージ図を示す．

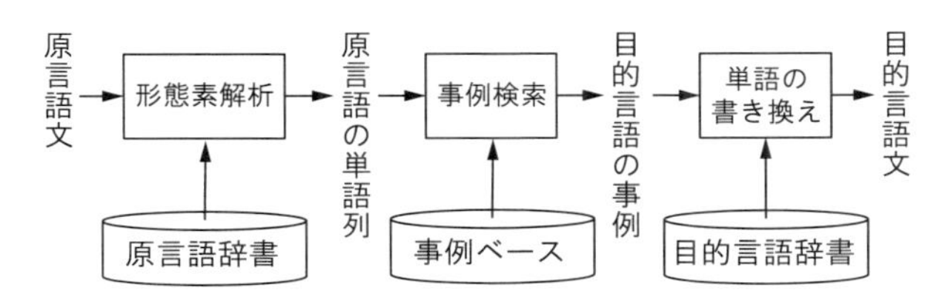

図 6.4　事例ベース方式のイメージ図

事例ベース方式を用いた最近の機械翻訳ソフトでは，非常に便利で，安価でかつ精度の高い翻訳が可能にしてはいるが，やはり難しい面もある．以下に，機械翻訳が直面している問題点を挙げる．

- 言語により表現方法が異なり，単純な語彙の置き換えでは翻訳ができない
  例：「Good morning」は「おはよう」であり「良い朝」ではない
- 文化の違いにより，そもそも表現できない，表現しにくいものがある
  例：「お湯」，「白湯」，「熱湯」は，英語ではすべて「hot water」である
- 曖昧性の解消が難しい
  例：「山口は香川と徳島に行った」は「Yamaguchi went to Kagawa and Tokushima」なのか「Yamaguchi went to Tokushima with Kagawa」なのか，つまり，「香川」が地名なのか人名なのかの判別が難しい

6.3 情報検索

Yahoo!や Google などのお馴染みの検索エンジンも，もちろん自然言語処理の賜物である．大量にある情報の中からユーザの要求を満たす情報を見つけ出すのが情報検索システムである．図 6.5 に情報検索システムのイメージ図を示す．ユーザの要求や質問を検索式で入力し，内部ではその検索式と全文書集合との照合が行われる．なお，検索式のことを**クエリ**とよぶ．

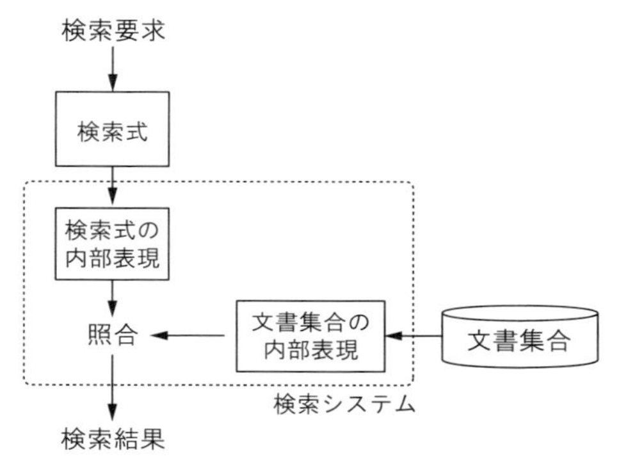

図 6.5　情報検索システムのイメージ図

ユーザの要求には以下の 4 種類の段階があるといわれている．

- 直観的要求：要求はあるが具体的に言語化してうまく説明できない状態
- 意識された要求：曖昧な表現やまとまりのない表現でしか言語化できない状態
- 形式化された要求：具体的に言語化できる状態
- 調整済みの要求：必要な情報の情報源が同定できる状態

このうち，現在の検索エンジンでは形式化された要求（一部，意識された要求）以下にしか対応することはできない．

情報検索システムにおいて，性能の良し悪しを決定づける最も重要な処理が文書集合に対する**索引付け**（**インデキシング**）である．文書の内容を特徴づける重要な単語である**索引語**を機械的に，または人手で抽出し，重要度を付与する．この情報をもとにクエリとの照合をとるため，この行程は検索精度や検索スピードに大きく影響する．

6.3.1 TF・IDF 法

索引語の重み付け手法としては，**TF・IDF 法**が有名である．TF (term frequency) とは網羅性の指標であり，ある文書で多く利用されている単語は重要であるという考え方に基づいて定められている．また，IDF (inverse document frequency) とは特定性の指標であり，ある特定の文書でのみ利用されている単語はその文書にとって重要であるという考え方に基づいて定義されている．これらの 2 種類の重要度を掛け合わせた値が TF・IDF 値となる．数式で表現すると以下のようになる．

$$\mathrm{TF}\cdot\mathrm{IDF} = tf(t,d)\cdot idf(t) = tf(t,d)\cdot\left(\log\frac{N}{df(t)}+1\right)$$

ここで，$tf(t,d)$ はある文書 d の中に出現する索引語 t の頻度，$df(t)$ は索引語 t が出現する文書数，N は検索対象となる文書集合を示している．

また，索引語とは逆に，使用頻度があまりにも高いために，必要な文書の絞り込みに寄与しない単語も存在する．たとえば，日本語であれば助詞や助動詞，英語であれば冠詞や前置詞がそれに当たる．これらの単語は**不用語リスト**としてデータ化し，いくら TF・IDF 値が高くても検索対象から除外する処理を行う．

例題 6.1

以下に示す四つの単語の意味を国語辞書で調べると，以下のような説明がなされていた．これらの文書を検索対象の文書集合するとき，次の問いに答えよ．なお，必要があれば，$\log 2 = 0.3$，$\log 3 = 0.48$，$\log 4 = 0.6$ を用いよ．

【検索対象の文書集合】

- 「バット」
  野球で，球を打つときに用いる棒．木製のものと金属製のものがある．
- 「グローブ」
  野球で，捕手・一塁手以外の選手が用いる，五本指の革製の捕球用手袋．
- 「ミット」
  親指だけが分かれている野球のグローブ．捕手用・一塁手用のものがある．
- 「竹刀」
  剣道の稽古などに用いる竹製の刀，四つ割りの竹の切っ先と柄を革で包み，鍔（つば）をはめたもの．

（1） 単語「竹刀」における文字「竹」の TF・IDF を求めよ．
（2） 単語「バット」における文字「野球」の TF・IDF を求めよ．

例題 6.1 解答

TF・IDF の TF は，該当文書に出現する指定の語の出現頻度であり，IDF は DF から算出される数値である．また DF は，指定の語が出現する文書の数である．

（1） 単語「竹刀」における文字「竹」の TF・IDF を求めるため，該当文書は単語「竹刀」の説明文書，指定の語は文字「竹」となる．また，全文書数は検索対象の文書集合に当たるため，その数は 4 となる．

単語「竹刀」の説明文書の中に文字「竹」は 2 回出現するため，

$$\text{単語「竹刀」における文字「竹」の TF} = 2$$

となる．また，文字「竹」は検索対象の文書集合のうち 1 回出現するため，

$$\text{単語「竹刀」における文字「竹」の DF} = 1$$

となる．よって，検索対象の文書集合は四つあることから，

$$\text{単語「竹刀」における文字「竹」の TF・IDF} = 2 \times \left(\log\frac{4}{1} + 1\right) = 2 \times (0.6 + 1) = 2 \times 1.6 = 3.2$$

となる．

（2） 単語「バット」における文字「野球」の TF・IDF を求めるため，該当文書は単語「バット」の説明文書，指定の語は文字「野球」となる．また，全文書数は検索対象の文書集合に当たるため，その数は 4 となる．

単語「バット」の説明文書の中に文字「野球」は 1 回出現するため，

$$\text{単語「バット」における文字「野球」の TF} = 1$$

となる．また，文字「野球」は検索対象の文書集合のうち 3 回出現するため，

$$\text{単語「バット」における文字「野球」の DF} = 3$$

となる．よって，検索対象の文書集合は四つあることから，

$$\text{単語「バット」における文字「野球」の TF・IDF} = 1 \times \left(\log\frac{4}{3} + 1\right) = 1 \times (0.6 - 0.48 + 1) = 1 \times 1.12 = 1.12$$

となる．

6.3.2　クエリとの照合

クエリと文書集合との照合を行う検索手法としては，クエリの文字列と完全一致する部分を探し出す**全文検索モデル**と，クエリと意味的に類似する文書を見つけ出す**内容型検索モデル**の2種類がある．

全文検索モデルとしては**ブーリアンモデル**があり，これは現在の検索エンジンで一般的に採用されている手法である．クエリをANDやOR，NOTの組み合わせによる論理式で表現するため，検索語どうしの関係を明示的に記述でき，複雑な検索要求に対応することができる．ただし，「論理的な関係性は明確でないが関連がありそうな情報」を検索することはできない．

内容型検索モデルとしては，**ベクトル空間モデル**と5.3.3項で説明した**関連度計算手法を用いる手法**が提案されている．ベクトル空間モデルでは，文書中の索引語の重みを要素とするベクトルによって文書を表現し，ベクトル間の内積を文書間の類似度として検索を実現している．数式で表現すると以下のようになる．

$$D_j = \begin{pmatrix} d_{1j} \\ d_{2j} \\ \vdots \\ d_{mj} \end{pmatrix}$$

ここで，Dは文書，dは索引語の重みを示している．ベクトルの並びには上から順にあらかじめ特定の単語が割り振られており，使用されていない単語がある場合はその重みを0とすることで文書をベクトル化する．このように，クエリとすべての文書をベクトル化し，図6.6のようにベクトル間の内積を算出することで類似度を求める．

関連度計算手法を用いる手法では，クエリと文書をともに一種の概念として捉

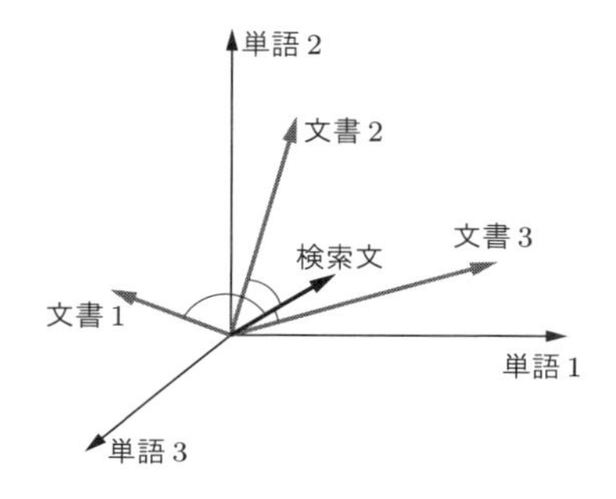

図6.6　ベクトル空間モデルのイメージ図

え，概念間の関連の深さを関連度として算出することで検索を実現している．つまり，2.4.3 項で説明した概念ベースの考え方を導入し，クエリと文書をそれらに含まれる単語とその重みの集合で表現する．これを**擬似概念**とよぶ．擬似概念化により，クエリと文書は属性の連鎖集合で表現され，この連鎖構造を利用することでクエリと文書との関連度を算出することができる．なお，この関連度計算手法を用いた検索手法の方が，先のベクトル空間モデルよりも検索精度が高いことが報告されている．

情報検索システムの精度を客観的に比較するための共通の評価基盤として，**テストコレクション**といわれるデータセットがある．日本においては NTCIR といわれるテストコレクションが有名である．テストコレクションには，検索対象となる文書集合と検索質問文となるクエリ集合，文書集合中のどの文書が適合しているかという適合情報がセットとして収録されている．

これらのデータセットを用いて情報検索システムの有効性を評価する．有効性としては，以下の三つの指標がある．

- **適合性**：客観的に見て適合する文章が検索できたか否か
- **適切性**：ユーザが目的とする文書が検索できたか否か
- **有用性**：ユーザにとって役立つ文書が検索できたか否か

これらの有効性を数値として評価する尺度としては，**適合率**，**再現率**，**F 値**が利用されることが多い．適合率（precision）とは，適合する文書だけを検索しているかという正確性を評価する尺度であり，

適合率（P）= 検索された文書中の適合文書数 ÷ 検索された文書の数

で算出される．また，再現率とは，適合する文書を漏れなく検索しているかという完全性を評価する尺度であり，

再現率（R）= 検索された文書中の適合文書数 ÷ 全文書中の適合文書の数

で算出される．さらに F 値は下の数式のように，この適合率と再現率の調和平均として算出される．

$$F = \frac{2}{\dfrac{1}{P} + \dfrac{1}{R}}$$

この他，適合文書が検索されたときの適合率を求めその平均をとった**平均適合率**や，0.0〜1.0 までの 11 個の再現率のレベルにおける適合率の平均値を求めた **11 点平均適合率**，上位から R 番目までの検索結果を出力したときの適合率である **R 適合率**などが用いられることもある.

例題 6.2

表（a）に示す文書集合において，表（b）のような検索結果を得たときの F 値を求めよ.

（a）検索対象の文書集合とそれらの適合性

文書	適合性	文書	適合性
A	○	K	×
B	○	L	×
C	○	M	×
D	○	N	×
E	○	O	×
F	○	P	×
G	○	Q	×
H	○	R	×
I	○	S	×
J	○	T	×

（b）検索結果

検索順位	検索文書
1	A
2	T
3	S
4	H
5	J
6	N
7	E
8	R
9	C
10	F

例題 6.2　解答

F 値は，適合率（P）と再現率（R）の調和平均として算出される．

適合率は，検索された文書のうち適合している文書の数の割合である．今回，検索された文書は 10 件，そのうち適合している文書は 6 件であるため，

$$\text{適合率}\ (P) = \frac{6}{10} = 0.6$$

となる．

また再現率は，全文章中の適合文書のうち，検索で抽出できたものの割合である．今回，検索対象の全文書のうちの適合文書の数は 10 件，検索された文書で適合している文書の数は 6 件であるため，

$$\text{再現率}\ (R) = \frac{6}{10} = 0.6$$

となる．よって，

$$\text{F 値} = \frac{2}{\dfrac{1}{P} + \dfrac{1}{R}} = \frac{2PR}{P+R} = \frac{2 \times 0.6 \times 0.6}{0.6 + 0.6} = \frac{0.72}{1.2} = 0.6$$

となる．

6.4 | 情報の抽出・要約・分類

情報抽出とは，あらかじめ用意されているテンプレートを利用し，指定された情報を文書から取り出す処理である．抽出される情報としては，固有表現，属性情報，参照関係，表現間の関係，その文書が表しているシナリオなどを挙げることができる．

たとえば，固有表現の抽出では，人名や組織名，場所名などのいわゆる固有名詞を抽出する．これらの固有名詞は無数に存在するため，そのすべてを辞書に登録することは現実的ではない．そこで，表現に付随する接辞などの表現パターンを利用することで固有表現を抽出する．人名であれば「氏」や「選手」，組織名であれば「会社」や「会」，場所名であれば「市」や「空港」などの表現パターンが利用される．

固有表現の抽出の難しさとしては，曖昧性の問題がある．たとえば「同志社大学」という固有表現の場合「同志社大学に行った」であれば場所であるが，「同志

社大学に合格した」では組織を表現している．また，「同志社大学」が「同大」などと略語で表現されていた場合，そもそも表現パターンが現れず抽出することは難しい．

文書要約とは，情報を簡略化する処理であり，文書に存在する表現だけで構成する**抜粋**と，言い換えなどにより文書に存在しない表現も利用する**アブストラクト**の 2 種類の手法がある．

情報を簡潔に表現するためには，文書中の重要な語を特定し，それらを効率よく利用することで簡略化する必要がある．重要な語を特定するためには，以下のような情報が利用されている．

- 手掛かり語：重要な語を特定するための手掛かりとなる語
- テーマ語：要約に重要な文書固有のキーワード
- 位置情報：文書のどこに記載されているかという情報であり，一般的には，段落の最初と最後の文は他の文に比べて重要であるといわれている．
- タイトル：タイトルや見出しに使用されている語

文書分類とは，あらかじめ決められたカテゴリに文書を分ける処理である．たとえば，新聞記事を「政治」，「経済」，「社会」，「スポーツ」などのカテゴリに分類するなどである．技術的には，6.3 節で説明した情報検索の手法を利用することが一般的である．つまり，カテゴリの情報をクエリとみなし，分類対象の文書を検索することで文書分類を実現することができる．また，最近では，***k* 近傍法**や ***k* 平均法**，SVM などのクラスタリング手法が用いられることも多い．

6.5　質問応答・対話システム

質問応答システムとは，自然言語で記述された質問に対してコンピュータが回答を行うシステムである．図 6.7 にイメージ図を示す．

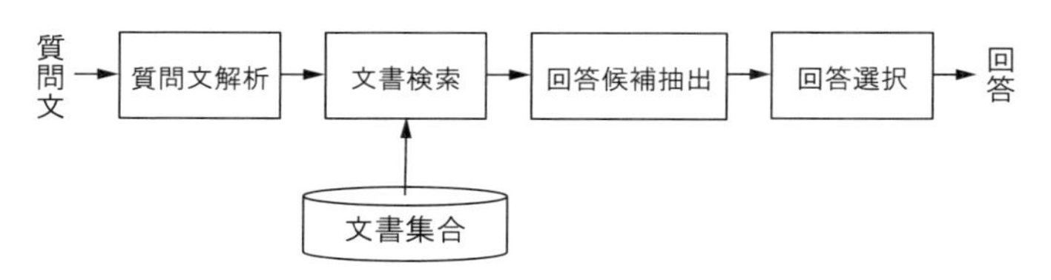

図 6.7　質問応答システムのイメージ図

図 6.7 からもわかるように，基本的には情報検索システムと同じであるが，大きな違いは入力にある．質問応答システムでは，入力された質問文のタイプから，どのような回答を求めているのかを推定する必要がある．質問のタイプには以下のようなものが考えられる．

・誰？　　：人名を尋ねる
・どこ？　：場所を尋ねる or 組織名を尋ねる
・いつ？　：時間を尋ねる
・いくら？：値段を尋ねる or 数値を尋ねる
・いくつ？：個数を尋ねる or 年齢を尋ねる
・なぜ？　：原因を尋ねる or 理由を尋ねる

さらに，この質問応答システムを応用することで，**対話システム**を構築することができる．対話システムとは，自然言語を用いて人間と対話を行うシステムであり，ユーザによって入力された自然言語を理解し，それに適切に応答することを繰り返すことで，ユーザとともに何らかの目的を達成するシステムである．

人間と対話するためには，入力誤りや省略などへ対応する必要があるのはもちろん，ユーザ個人に適応していくことや，たとえば，「近くのコンビニはどこにありますか？」というユーザからの質問に対して「近くにコンビニはありません」だけではなく「スーパーはあります」というように，ユーザの意図を把握した協調的な情報提供を実現する必要もある．そのためには，対象となる分野に関する知識（ドメイン知識）やタスクに関する知識，談話に関する知識，人間に関する知識，文脈に関する知識，ユーザに関する知識など様々な知識を，総合的にかつ合理的に活用する必要がある．

また，情報を検索するだけでなく，その情報を人間に提供するときには，適切な文章を生成する必要もあり，システムに要求される課題の難易度は一層高くなる．

1966 年に精神分析医のインタビュー代行システムとして開発された「ELIZA（イライザ）」がはじめての対話システムといわれている．このシステムは，これまで説明してきたような多くの知識や複雑な仕組みによって実現されたものではなく，形態素解析と構文解析により見つけたキーワードに反応し，あらかじめ登録されているパターンに応じて応答するという機能だけで構築されていた．なお，キーワードが見つからない場合は「話を続けてください」とユーザに発話を促す仕組みがあった．こうした素朴な手法にもかかわらず，意外にも人間らしい応答を返すことができたといわれている.

近年では, 2.4.3 項で説明した概念ベースや 5.3.3 項で説明した関連度計算手法による言葉の連想機能を応用し,「常識」という視点から人間らしさを追求したシステムの提案も成されている.

たとえば最近では, ソフトバンクから「pepper」という家庭向けパーソナルロボットが発売された. このような製品開発が今後進めば, 一家に一台会話のできるロボットが導入され, なくてはならない存在になるという世の中も想像に難くない. その際には, 思いやりやおもてなしの心があるロボットでないと人間との共存は難しいと思われるため, 常識という視点は非常に重要になると考えられる.

6.6 | 感情判断システム

前節の最後に述べたことに関連して, 人とともに暮らすロボットなどが開発されたとき, ロボットが人を理解する能力, 人の感情を判断でき共感できる能力は, 非常に重要な要素になると考えられる. そこで, 人の発話内容を言語情報として受け取り, その言語情報を解析することで発話者の感情を判断する手法が提案されている. 以下では, 筆者らが考案した感情判断システムを紹介する.

図 6.8 に, 2.3 節で説明した知識ベースと 2.4.3 項で説明した概念ベース, 5.3.3 項で説明した関連度計算手法を用いた感情判断手法の構成図を示す. また, 図 6.9 にその処理の流れ図を示す.

入力としては,「主体語, 修飾語, 目的語, 変化語」の 4 要素を対象としており,

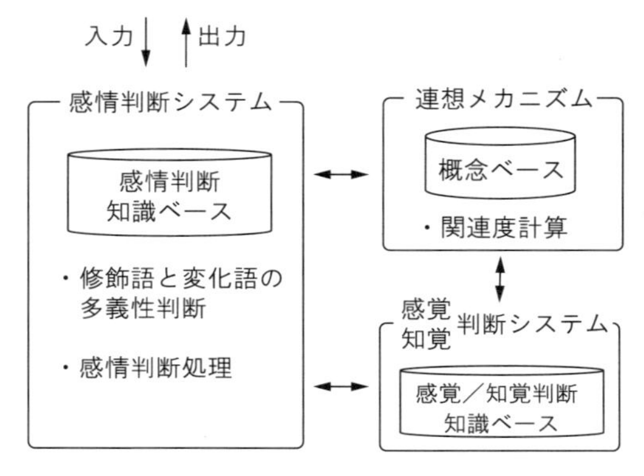

図 6.8 感情判断システムの構成図

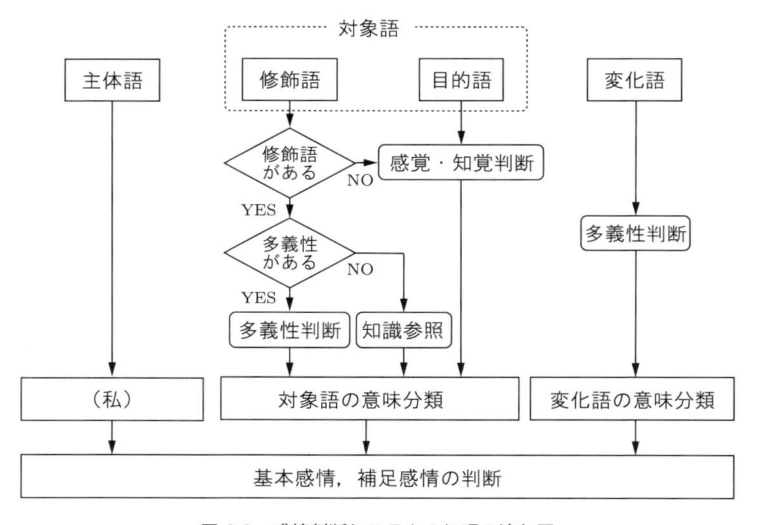

図 6.9 感情判断システムの処理の流れ図

各要素には，理想的に分割された語が適切に入力されることを前提としている．

まず「主体語」は，発話者自身である「私」に限定されている．

「修飾語」は「形容詞，形容動詞」，「目的語」は「名詞」（以下，これらをまとめて「対象語」とよぶ）であり，これらが表現している意味（印象）を 203 種類の形容詞または形容動詞で分類し扱っている．なお，意味の分類処理は，感覚/知覚判断システムをサブシステムとして利用し実現している．

感覚/知覚判断システムは，ある語（名詞）に対して人間が常識的に抱く特徴を形容詞または形容動詞の形で判断するシステムである．「痛い」「臭い」などの人間が五感で感じる特徴を“五感感覚語”,「めでたい」,「不幸な」などの五感以外で感じる特徴を“知覚語”とよぶ．また，この2種類を総称して“感覚語”とよび，計203語を定義している．なお，感覚/知覚判断システムが判断する感覚語203語により「対象語」を意味的に分類している．感覚/知覚判断知識ベースは，2.1節で説明したようなシソーラス構造をとっており，代表的な語（名詞）に対して，その語から想起される感覚/知覚を人手により付与している．感覚/知覚判断知識ベースに登録されていない未知語が処理の対象になった場合には，感覚/知覚判断知識ベースに登録されている既知語との関連度を算出し，関連性の強い語に帰着する．これにより，大まかな感覚/知覚を得ることができる．さらに，概念ベースの属性を参照することにより，その語特有の感覚/知覚を得る．概念ベースの属性にはその構成上，想起する感覚/知覚として不適切な語も含まれるため，関連度の考え方を用いて，適切な感覚/知覚を得る工夫をしている．

「変化語」は「動詞，形容詞，形容動詞」であり，「対象語」が表現している意味を継承するか逆転するかの2種類，または，「対象語」が表現している意味とは無関係にプラスの印象かマイナスの印象を与えるものかに分類して扱っている．

感情を判断する際には，上記の「対象語」の203分類と「変化語」の2種類の組み合わせ計406種類に対して感情を定義し，その知識ベース（感情判断知識ベース）に基づいて感情を判断している．

なお，「対象語」と「変化語」の分類処理においては，語の関連性から多義性の判断などを行っている．これらの処理を行うため，また，感情判断知識ベースを最大限に利用するために，語の連想を行うプロセスをとり入れている．これにより，少数の知識からなる知識ベースでより多くの表現に対応できるようにもなる．具体的には，概念ベースと関連度計算手法とからなる連想メカニズムにより，語の連想を実現している．また，この連想メカニズムは前述のようにサブシステムとして用いている感覚/知覚判断システムにおいても利用されている．

感情に関しては，これまで，心理学者や哲学者などをはじめとする人々により多くの研究がなされてきている．しかし，感情には明確な定義がなく，非常に曖昧なものであるため，研究者ごとに解釈が異なり，定義する感情モデルも皆様々である．そこで，我々のシステムでは「あるアクションが起こった際に瞬間的に感じる」ものを感情とみなし，「喜び」,「悲しみ」,「怒り」,「安心」,「恐れ」,「落胆」,「恥」,「後悔」,「罪悪感」と「感情なし」の計10種類を判断する感情と定義している．また，これら10種類の感情を基本感情と定義し，より詳細な感情表現を可能とするため，基本感情とは独立して計 24 種類の補助感情を定義している．

たとえば，「私は綺麗に口紅を引いた」という文の場合，「主体語」に「私」，「修飾語」に「綺麗な」，「目的語」に「口紅」，「変化語」に「引く」が入力される．この場合，「対象語」としては「修飾語」の意味分類結果が採用され，「綺麗な」をサブシステムである感覚/知覚判断システムにかけることで意味分類「美しい」を得る．また，概念ベースと関連度計算手法を用いて知識ベースの語との意味的な関連性を評価することで「変化語」の多義性の判断を行う．この場合，「引く」は「塗り延べる」という意味であり，「継承」に分類される．これらの二つの分類結果「美しい」と「継承」の組み合わせから感情判断知識ベースを参照することで，「喜び」という感情を判断する．

さらに，この感情判断システムを拡張し，「私」以外の主語や口語表現にも対応したシステムも提案されている．

本章のまとめ

- 自然言語処理は，身近なアプリケーションに応用されており，なくてはならない技術になっている．
- かな漢字変換では，形態素解析の技術が利用されている．
- 情報検索システムにおいては，適合性，適切性，有用性が重要である．
- 人とロボットがともに暮らす社会を見据えて，言語情報から人の感情を判断する手法も研究されている．

章末問題

1. 機械翻訳の難しさについて，具体例を用いて説明せよ．
2. 人とともに暮らすロボットを考えたときに重要となる機能について，自然言語処理の立場から説明せよ．
3. 自然言語処理を用いた新しいアプリケーションを考えよ．

参考文献

[01] 長尾真 編：岩波講座ソフトフェア科学 15 自然言語処理，岩波書店，1996.
[02] 奥村学：自然言語処理の基礎，コロナ社，2010.
[03] 天野真家，岩崎俊，宇津呂武仁，成田真澄，福本淳一：IT Text 自然言語処理，オーム社，2007.
[04] 荒木健治：自然言語処理ことはじめ—言葉を覚え会話のできるコンピュータ—，森北出版，2004.
[05] 吉村賢治：自然言語処理の基礎 改訂版，サイエンス社，2012.
[06] 中川聖一 編著：音声言語処理と自然言語処理，コロナ社，2013.
[07] Google：http://www.google.co.jp
[08] Yahoo!：http://www.yahoo.co.jp
[09] Wikipedia：http://ja.wikipedia.org
[10] Siri：http://www.apple.com/jp/ios/siri
[11] しゃべってコンシェル：https://www.nttdocomo.co.jp/service/information/shabette_concier/
[12] 松村明 編：大辞林 第三版，三省堂，2006.
[13] 荒屋真二：人工知能概論 第 2 版—コンピュータ知能から Web 知能まで—，共立出版，2004.
[14] 馬場口登，山田誠二：人工知能の基礎 情報系教科書シリーズ 第 15 巻，昭晃堂，1999.
[15] 菅原研次：情報工学入門シリーズ 20 人工知能 第 2 版，森北出版，2003.
[16] 木下哲男：人工知能と知識処理，昭晃堂，2009.
[17] 北橋忠宏：知識情報処理，森北出版，1998.
[18] 小林一郎：Computer Science library-13 人工知能の基礎，サイエンス社，2008.
[19] 松本啓之亮，黄瀬浩一，森直樹：知能システム工学入門，コロナ社，2002.
[20] 太原育夫：新人工知能の基礎知識，近代科学社，2008.
[21] 田中穂積：自然言語処理 —基礎と応用—，電子情報通信学会，1999.
[22] NTT コミュニケーション科学研究所：日本語語彙体系，岩波書店，1997.
[23] 三浦つとむ：日本語とはどういう言語か，講談社，1976.
[24] 広瀬幹規，渡部広一，河岡司：概念間ルールと属性としての出現頻度を考慮した概念ベースの自動精錬手法，信学技報，NLC2001-93，pp.109–116，2002.
[25] 小島一秀，渡部広一，河岡司：連想システムのための概念ベース構成法—属性信

頼度の考え方に基づく属性重みの決定，自然言語処理，Vol.9，No.5，pp.93–110，2002.
[26] 北研二 著，辻井潤一 編：確率的言語モデル—言語と計算 4—，東京大学出版会，1999.
[27] 入江毅，渡部広一，河岡司，松澤和光：知的判断メカニズムのための概念間の類似度評価モデル，信学技報，AI98-75，pp.47–54，1996.
[28] 渡部広一，河岡司：常識的判断のための概念間の関連度評価モデル，自然言語処理，Vol.8，No.2，pp.39–54，2001.
[29] 入江毅，東村貴裕，渡部広一，河岡司：知的判断メカニズムにおける概念間の関連度計算方式，情報処理学会秋季全国大会，pp.3J–7，1999.
[30] 宮崎和人，野田春美，安達太郎，高梨信乃，モダリティ（新日本語文法選書），くろしお出版，2002.
[31] 徳永健伸 著，辻井潤一 編：情報検索と言語処理—言語と計算 5—，東京大学出版会，1999.
[32] 北研二，津田和彦，獅々堀正幹：情報検索アルゴリズム，共立出版，2002.
[33] 藤井啓彰，小島一秀，渡部広一，河岡司：概念間の関連度に基づく情報ランク付けを用いた知的検索手法，人工知能学会論文誌，Vol.17，No.6，pp.684–689，2002.
[34] 藤江悠五，渡部広一，河岡司：概念ベースと Earth Mover's Distance を用いた文書検索，自然言語処理，Vol.16，No.3，pp.25–49，2009.
[35] NTCIR：http://research.nii.ac.jp/ntcir/index-ja.html
[36] 吉村枝里子，土屋誠司，渡部広一，河岡司：連想知識メカニズムを用いた挨拶文の自動拡張方式，自然言語処理，Vol.13，No.1，pp.117–141，2006.
[37] 吉村枝里子，土屋誠司，渡部広一，河岡司：自然なコンピュータ会話のための違和感形容表現の検出，自然言語処理，Vol.15，No.1，pp.81–102，2008.
[38] 吉村枝里子，芋野美紗子，土屋誠司，渡部広一：知的会話処理における連想応答手法，人工知能学会論文誌，Vol.28，No.2，pp.100–111，2013.
[39] pepper：http://www.softbank.jp/robot/special/pepper/
[40] 土屋誠司，小島一秀，渡部広一，河岡司：常識的判断システムにおける未知語処理方式，人工知能学会論文誌，Vol.17，No.6，pp.667–675，2002.
[41] 土屋誠司，吉村枝里子，渡部広一，河岡司：連想メカニズムを用いた話者の感情判断手法の提案，自然言語処理，Vol.14，No.3，pp.219–238，2007.
[42] 土屋誠司，鈴木基之，芋野美紗子，吉村枝里子，渡部広一：口語表現に対応した知識ベースと連想メカニズムによる感情判断手法，人工知能学会論文誌，Vol.29，No.1，pp.11–20，2014.
[43] 奥村紀之，土屋誠司，渡部広一，河岡司：概念間の関連度計算のための大規模概念ベースの構築，自然言語処理，Vol.14，No.5，pp.41–64，2007.

[44] 渡部広一，堀口敦史，河岡司：常識的感覚判断システムにおける名詞からの感覚早期手法，人工知能学会論文誌，Vol.19，No.2，pp.73–82，2004.
[45] 米谷彩，渡部広一，河岡司：常識的知覚判断システムの構築，人工知能学会全国大会，3C1-07，2003.
[46] 福井康之：感情の心理学，川島書店，1990.
[47] 齊藤勇：感情と人間関係の心理，川島書店，1986.
[48] リタ・カーター：脳と心の地形図，原書房，1999.
[49] スーザン・グリーンフィールド：脳の探究，無名舎，2001.
[50] 福田正治：感情を知る，ナカニシヤ出版，2003.

索　引

ま 行

や 行

ら 行

わ 行

著　者　略　歴

土屋　誠司（つちや・せいじ）

2000 年　同志社大学工学部知識工学科　卒業
2002 年　同志社大学大学院工学研究科知識工学専攻　博士前期課程修了
2002 年　三洋電機株式会社研究開発本部
2007 年　同志社大学大学院工学研究科知識工学専攻　博士後期課程修了
2007 年　徳島大学大学院ソシオテクノサイエンス研究部　助教
2009 年　同志社大学理工学部インテリジェント情報工学科　助教
2011 年　同志社大学理工学部インテリジェント情報工学科　准教授
　　　　現在に至る
　　　　博士（工学）

挿　　画　芋野美紗子

編集担当　丸山隆一（森北出版）
編集責任　藤原祐介・富井晃（森北出版）
組　　版　中央印刷
印　　刷　　同
製　　本　協栄製本

はじめての自然言語処理

2015 年 11 月 27 日　第 1 版第 1 刷発行
2019 年 8 月 30 日　第 1 版第 2 刷発行

著　　者　土屋誠司
発 行 者　森北博巳
発 行 所　**森北出版株式会社**
東京都千代田区富士見 1-4-11（〒102-0071）
電話 03-3265-8341／FAX 03-3264-8709
https://www.morikita.co.jp/
日本書籍出版協会・自然科学書協会　会員

Printed in Japan／ISBN 978-4-627-85311-9

memo (1)

キリトリ

memo (2)

キリトリ

memo (3)

キリトリ

memo (4)

キリトリ